AF503391

LA
PROSE LATINE

COMPRENANT QUATRE PARTIES :

1° LE MOT LATIN ;
2° LA TOURNURE LATINE ; 3° LA CONSTRUCTION LATINE ;
4° LA PÉRIODE LATINE

Complément pratique de la grammaire destiné aux élèves
des classes supérieures à partir de la quatrième.

PAR

M. l'abbé L. RENIEZ

PRÉFET DES ÉTUDES AU COLLÉGE SAINT-BERTIN (SAINT-OMER)

SIXIÈME ÉDITION
REVUE, AUGMENTÉE D'UNE MÉTHODE ET D'UN QUESTIONNAIRE

PARIS

LIBRAIRIE CLASSIQUE EUGÈNE BELIN
Vve EUGÈNE BELIN ET FILS
RUE DE VAUGIRARD, N° 52

1887

Tout exemplaire de cet ouvrage non revêtu de ma griffe
sera réputé contrefait.

PRÉFACE

Nous offrons au public un travail qui nous paraît neuf, au moins dans son ensemble, et que nous croyons devoir être utile aux études latines. Les classes qui ont abandonné la grammaire, d'ailleurs bien insuffisante au delà de la quatrième, trouveront dans ce petit nombre de pages une foule de règles complémentaires et d'observations importantes, tant sur la correction que sur l'élégance de la langue.

On jugera de la valeur de cet ouvrage par l'exposé de son plan que l'on trouvera à la table des matières, page 207.

Les encouragements ne lui ont pas manqué, et ils ont sans doute contribué à son rapide succès.

La **Revue de l'enseignement chrétien,** dans son numéro de décembre 1875, en parle en ces termes :

« Ce volume renferme sur l'art d'écrire en latin une série de conseils très-précieux, rédigés avec une méthode parfaite. Il sera accueilli avec une vive reconnaissance par les professeurs, et les élèves l'étudieront avec intérêt et profit.

» Le travail de M. l'abbé Reniez porte en sous-titre : *complément pratique de la grammaire.* On voit par là quel est le but que l'auteur s'est proposé. C'est par l'étude des textes et par la composition latine que les jeunes gens peuvent apprendre la langue de Cicéron. Mais l'étude des textes et la composition ne sont vraiment utiles que si une direction sage fait remarquer à l'élève les mérites du style et l'éclaire sur ses propres défauts.

M. Reniez est un guide instruit et sûr. Il ne parle qu'après avoir longtemps étudié et enseigné avec distinction les matières qu'il traite.

» On trouve bien çà et là, dans les grammaires, des règles plus ou moins générales, plus ou moins claires, sur l'élégance latine ; mais nous ne pensons pas qu'il existe un résumé aussi simple et aussi méthodique que celui-ci.

» Une foule de remarques littéraires se présentent dans l'ouvrage de M. Reniez ; c'est une très-belle étude sur le langage et très-propre à former le goût.

» Enfin, M. Reniez n'est pas seulement un homme très-versé dans la connaissance du latin, c'est un observateur qui a vu les défauts où tombent plus communément les élèves. Il leur indique donc avec sollicitude toutes les pierres du chemin contre lesquelles il y a danger de heurter. Il attire leur attention sur les mots, sur les tournures où ils sont le plus souvent exposés de commettre un solécisme ou un barbarisme ; il les met en garde contre les gallicismes ; il leur trace des règles très-sages qui les guideront dans l'imitation des auteurs ; il enseigne l'usage et prévient contre l'abus des périodes.

» En un mot, ce livre nous semble destiné à prendre rang à côté des meilleurs ouvrages classiques élémentaires. »

Les Études des Pères Jésuites (janvier 1876) s'associent à cet éloge :

« Le titre seul dit déjà tout ce que renferme cet ouvrage éminemment classique et qui nous semble fort utile pour apprendre à bien écrire en latin........ Nous signalons avec plaisir cet ouvrage, fruit d'une longue expérience ; il sera aussi utile aux professeurs qu'aux élèves. »

La Bibliographie catholique, dans son numéro de mai 1876, corrobore ces témoignages :

« Les bons maîtres de latinité ne manquent pas de recommander à leur élèves la composition persévérante d'un cahier d'expressions choisies, propres à leur rendre familières les déli catesses et les beautés de cette langue. Or, nous ne pensons pas qu'on puisse dans ce travail trouver un secours plus vraiment utile que l'ouvrage de M. Reniez, dont on vient de lire le titre.

C'est une mine très-précieuse d'observations, de règles, d'exemples, de comparaisons, d'indications de toute nature ; un guide parfait en un mot dans les riches trésors de la littérature latine. On y reconnaît l'habile main d'un professeur émérite, capable d'en former beaucoup d'autres ; car il va de soi qu'un semblable recueil s'adresse au moins autant à celui qui fait la classe qu'au jeune homme qui la suit. Un maître instruit à l'école de M. l'abbé Reniez saurait intéresser ses disciples, et à coup sûr en ferait d'excellents latinistes en moins de deux années. L'auteur fait saisir, mieux que nous ne l'avons encore vu nulle part, la nécessité de la propriété des termes en tout idiome ; il raisonne sur le vif, c'est-à-dire avec des exemples si originaux, qu'ils ne peuvent plus sortir de la mémoire. Des notes fréquentes, nourries de curieuses remarques, ajoutent aux explications du texte......

» Voilà donc qui est complet et en même temps bien distribué et pratique. Un pareil livre ne peut manquer d'être accueilli avec reconnaissance partout où l'on a à cœur le maintien des saines traditions littéraires et des études sérieuses. »

MÉTHODE

L'ÉTUDE DE CET OUVRAGE

Cet ouvrage renferme des parties qu'il suffit de consulter, d'autres qu'il est utile d'apprendre par cœur. Le questionnaire dressé plus loin circonscrit et précise ces dernières.

Celui qui manquerait de temps pour l'étude approfondie de cet ouvrage pourrait se contenter de le lire une ou deux fois bien attentivement; il conserverait de cette lecture des notions générales qui lui permettraient de comprendre et d'utiliser les deux tables de matières.

Quant à la répartition des matières, voici comment nous la concevons :

Les élèves de QUATRIÈME s'appliqueraient avec grand profit, dans le dernier trimestre de l'année, aux deux premiers chapitres de la première partie, traitant de la CORRECTION et de la PROPRIÉTÉ des mots. Ils y ajouteraient le TABLEAU CHRONOLOGIQUE des auteurs latins, qui, préalablement à l'étude de l'histoire littéraire, leur indiquerait les meilleurs auteurs à imiter. — Le tableau du CALENDRIER ROMAIN et des MONNAIES ROMAINES cadrerait aussi parfaitement avec l'étude de l'histoire romaine qui leur est assignée par le programme. — La lecture faite en classe et expliquée par le professeur des principes élémentaires de la CONSTRUCTION LATINE (3ᵉ partie), fournirait aux bons élèves des notions utiles qui encourageraient et guideraient leur premier vol dans l'élégance.

Le lot le plus important est attribué aux élèves de TROISIÈME. Cet ouvrage est tout ensemble une revue méthodique des études grammaticales et une première initiation aux études littéraires; or, c'est là précisément le double caractère et le double objet de la classe de troisième.

Nous réservons pour la SECONDE un chapitre un peu plus difficile de la seconde partie, celui qui traite de l'ÉLÉGANCE DES MOTS. — La PÉRIODE LATINE lui revient aussi de plein droit; l'élève qui voudra se former au style périodique trouvera, de la page 165 à la page 195, des modèles de toute forme choisis ou composés avec grand soin. — La nature de l'enseignement et les besoins de la composition attribuent également à cette classe l'étude des VERSIONS LITTÉRAIRES; les dernières surtout, roulant sur l'appréciation des grands auteurs classiques, sont une des meilleures études que l'on puisse faire dans les classes supérieures pour acquérir du même coup des connaissances littéraires et des expressions littéraires.

Les élèves de RHÉTORIQUE reverraient fort utilement l'ouvrage tout entier, notamment la seconde et la quatrième parties.

QUESTIONNAIRE

CLASSE DE QUATRIÈME

Correction des mots.

Propriété des mots.

CLASSE DE TROISIÈME

—

Correction de la tournure latine.

Élégance de la tournure latine.

La construction latine.

CLASSE DE SECONDE

—

Élégance des mots.

Nous avons encore attribué à la seconde les VERSIONS LITTÉRAIRES (page 101). Après les avoir étudiées, l'élève doit pouvoir reproduire en latin les expressions détachées que le maître lui propose en français, ou vice versâ. La première version par exemple fournirait les interrogations suivantes :

Comment traduit-on en latin : *concision des phrases; ambiguïté des termes; exprimer clairement; style trop paré,* etc., etc., etc... ?

Donnez le sens des expressions : *pondus verborum; verba translata, superlata; jucunditate verborum sonantium,* etc., etc., etc.

Et ainsi pour toutes les autres.

PREMIÈRE PARTIE

LE MOT LATIN

Nous le considérerons successivement au point de vue de la **correction**, de la **propriété**, de l'**élégance**.

CHAPITRE PREMIER

CORRECTION DES MOTS

Nous appelons **correction**, le choix des mots, non-seulement en usage dans la langue latine, mais encore accrédités par les écrivains du grand siècle classique, qui est le siècle d'Auguste.

Deux qualités sont donc requises, pour qu'un mot soit entièrement correct ; il doit être **latin**, il doit être **classique**.

ARTICLE PREMIER

Choix du mot latin.

Cette qualité est fondamentale ; il est évident que pour parler *latin*, on ne doit employer que des mots admis dans la langue latine, comme pour parler français, il faut des mots français.

Pour les Grecs et les Romains, ceux qui parlaient l'une ou l'autre langue avec des mots étrangers étaient des BARBARES : de là le nom de BARBARISME donné à ces sortes de mots. *Barbarismi fœditas absit*, dit Quintilien, « Arrière le hideux barbarisme ! »

Il y a deux espèces de barbarismes :

Le barbarisme d'ORTHOGRAPHE, qui consiste à employer

des mots entièrement inconnus dans la langue, comme seraient *rosibus* pour *rosis* (aux roses); *legebo* pour *legam* (je lirai).

Le barbarisme de SENS, qui emploie un mot usité, mais l'applique contrairement à son usage. On cite cet exemple français : *Vous avez pour moi des boyaux (entrailles) de père.* Tel serait en latin le mot *desiderare* (regretter), qui ne s'emploie que pour une chose agréable dont on *désire* le retour : *juventam desiderare* (regretter sa jeunesse), et que l'on emploierait pour une chose pénible : *patris mortem desiderare* (regretter la mort de son père). Tels seraient encore *toto* pour *toti*, *patrum* pour *patrem*; *toto* est barbarisme en tant que datif, *patrum* en tant qu'accusatif, bien que l'un et l'autre soient latins à d'autres cas.

Nous allons rappeler les principaux points de la grammaire latine (1), qui sont la source habituelle des barbarismes. Nous les rattacherons aux diverses espèces de mots.

§ 1. — Substantif.

Les génitifs *orbis, maris, plebis, senis, Jovis, itineris,* ont pour nominatifs *orbis, mare, plebs, senex, Jupiter, iter.*

Le nominatif pluriel de *Deus* est *di* ou *dii.*

Le vocatif singulier de certains noms en *ius* est *i :* *Horati, Virgili, fili.*

Evitez de mettre en *em* des accusatifs neutres : *scelus, robur.*

Pour les accusatifs en *em* ou en *im,* il faut consulter

---

(1) Nous avons considérablement abrégé dans le cours de ce travail tout ce qui est purement grammatical; nous renvoyons pour cette partie à l'excellent ouvrage de M. Henri, intitulé : *Révision méthodique de la Grammaire latine.*

l'usage : *civis, avis, ensis* font *civem, avem, ensem; sitis*
fait *sitim.*

Les ablatifs singuliers en *i* ou en *e* de la troisième déclinaison, les génitifs pluriels en *um* ou *ium*, ont des
règles très-complexes, en voici le résumé :

Généralement ces ablatifs se forment de l'accusatif *em*
ou *im*, en retranchant *m*.

Ont l'ablatif singulier en *i :*

1. Les noms qui ne font qu'*im* à l'accusatif : *sitis, securis.*
2. Beaucoup de noms neutres en *al, ar, e : cubile, exemplar,
   animal.*

Ont le génitif pluriel en *ium :*

1. Les noms qui ont *i* à l'ablatif : *securis, exemplar....*
2. Ceux dont le radical finit par deux consonnes : *urbs, stirps...*
3. La plupart des noms parisyllabiques : *civis, avis,...*
4. Beaucoup de monosyllabes : *ars, lis, nox...*

Ne confondez pas les génitifs singuliers en *i* de la 2ᵉ déclinaison avec les génitifs en *ús* de la 4ᵉ : *vultus, exercitus,
senatus* sont de la 4ᵉ. *Domus* appartient aux deux déclinaisons, mais le génitif *domi* est pris adverbialement et
signifie *à la maison, au logis. Domo* au datif et *domu* à
l'ablatif ne s'emploient pas. *Domuum* et *domorum* sont
également bons; l'accusatif pluriel *domos* est préférable
à *domus; domibus* est seul usité au datif et à l'ablatif pluriels.

Plusieurs noms sont inusités au singulier : *divitiæ, Athe-
næ.* D'autres changent de forme au pluriel : *cœlum*, ciel ;
au pl. *cœli, cœlorum — vas, vasis*, vase ; au pl. *vasa, vaso-
rum.* Plusieurs ont deux formes : *loci* pour désigner un
lieu déterminé, *loca* qui exprime le sens vague.

D'autres encore changent de sens au pluriel. Ex. :

ædes, is	temple	*ædes, ium*	maison.
copia	abondance	*copiæ*	troupes.
castrum	fort	*castra*	camp.
auxilium	secours	*auxilia*	les auxiliaires.
sal	du sel	*sales*	bons mots.

D'autres sont inusités à certains de leurs cas, tels que les nominatifs *ditio*, puissance; *frux*, fruit; et les génitif et datif singuliers de *vis*, force. *Prex*, prière, n'a au singulier qu'un seul cas, l'ablatif *prece*.

Les noms ABSTRAITS, qui représentent des qualités ou des défauts, n'ont généralement pas de pluriel, *crudelitas*, *injustitia*; *des cruautés*, *des injustices* devraient se traduire par *facta crudeliter*, *iniquè*, des choses faites cruellement, injustement.

Il y a pourtant des exceptions, on dit : *insaniæ*, des folies; *invidiæ*, des jalousies; *amicitiæ*, *cupiditates*. — Certains auteurs ne sont pas à imiter dans l'emploi de *scientiæ*, les connaissances humaines, *pulchritudines*, *mortes*, *paces*, *gloriæ* (TACITE). Le dictionnaire signale généralement ces pluriels.

NOTA. — Plusieurs mots ABSTRAITS ne peuvent pas s'employer, comme en français, pour le mot CONCRET, c'est-à-dire celui qui désigne des individus. *Vieillesse* indique à la fois *l'âge* (attendre la vieillesse) et les *vieillards* (la vieillesse est expérimentéé); le mot latin *senectus* ne représente que *l'âge*; dans le second sens il se traduirait par *senes*, les vieillards. — Pourtant *juventus*, *nobilitas*, *vicinitas*, *mortalitas* ont les deux sens, ils signifient à la fois la *jeunesse*, la *noblesse*, le *voisinage*, la *mortalité*, et les *jeunes gens*, les *nobles*, les *voisins*, les *mortels*. Il faut à cet égard consulter l'usage.

§ 2. Adjectif.

Ne confondez pas les nominatifs en *er*, *a*, *um* avec les nominatifs en *er*, *is*, *e* : *acer*, fait *acris*, *acre* — *celer*, *celébér*, *saluber*, *alacer*, font également *celeris*, *celere*; *celebris*, *celebre*, etc.

Certains adjectifs ont le génitif en *ius* et le datif en *i* : *solus*, *totus*, *alter*, *uter*, *alius*, *unus*.

NOTA : *unus* s'emploie au pluriel quand il signifie *seul*, *uni veniunt*, *ils viennent seuls*; ou quand il accompagne un nom qui n'a pas de singulier : *castra*.

Ne mettez pas en *em* des accusatifs neutres : *par, prudens*.

Veillez soigneusement aux ablatifs singuliers en *e* ou *i*; aux génitifs pluriels en *um* ou *ium* :

Les adjectifs qui n'ont au nominatif qu'une seule forme, (*prudens* pour les 3 genres), ont l'ablatif en *e* ou en *i* indifféremment. Pourtant la forme *i* est préférable en prose, *solerti, felici*; la forme *e* est la seule autorisée, quand ces adjectifs sont pris substantivement : *à sapiente*, par le sage.

Les adjectifs qui ont le nominatif neutre en *e*, ont toujours l'ablatif en *i*, pour qu'on ne confonde point les deux cas : *utili*.

Ont le génitif pluriel en *ium* :

1º Ceux qui n'ont l'ablatif qu'en *i* : *celeber*.
2º Ceux qui l'ont indistinctement en *i* ou en *e*, excepté :
le comparatif : *majorum* ;
certains composés : *compos, artifex* ;
beaucoup d'adjectifs en *or* ou *er* pour les 3 genres : *memor, uber*.
— *Plus* fait *plura, plurium*.

Sur la question du comparatif et du superlatif, qui est assez complexe, nous ferons 4 remarques :
1º Des adjectifs en *ilis*, 6 seulement ont le superlatif en *illimus* : *facilis, difficilis, similis, dissimilis, humilis, gracilis*.
2º Il y a des adjectifs qui n'ont ni comparatif ni superlatif :
— Ceux en *ius, eus, uus*.
— Beaucoup de ceux qui sont en *dus* : *invidus*.
— Les composés de *præ, per, sub* : *perfidus, prædives*, excepté : *præclarus, perfectus*[1].
— *Mirus, claudus, rudis, gnarus*, etc.
3º Il y en a qui n'ont que l'un des deux degrés, ou le

1. *Perfectissimus* était un titre honorifique décerné aux empereurs romains.

comparatif seul : *senex, juvenis, alacer*. — Ou le superlatif seul : *sacer, novus*.

4° D'autres sont irréguliers :

On connaît les comparatifs et superlatifs de *bonus, malus, parvus, magnus;*

Nequior de *nequam*, mauvais;

Ditior, ditissimus, de *dives*, riche, plus usités que *divitior, divitissimus;*

Junior de *Juvenis*, jeune, — *senior* de *senex*, vieux.

Certains comparatifs et superlatifs sont formés irrégulièrement de prépositions :

	COMPARATIFS.	SUPERLATIFS.
In, dedans,	*Interior*, plus en dedans,	*intimus*, très-en dedans,
Præ, devant,	*prior*, devant un autre,	*primus*, devant tous,
Prope, proche,	*propior*, plus proche,	*proximus*, très-proche,
Ultra, au delà,	*ulterior*, plus éloigné,	*ultimus*, le dernier,
Post, après,	*posterior*, plus reculé,	*postremus* (pour *posterrimus*),
Extra, en dehors,	*exterior*, plus en dehors,	*extremus* (pour *exterrimus*),
Super, au-dessus,	*superior*, plus élevé,	*supremus* (pour *superrimus*),
Infra, en dessous,	*inferior*, plus bas,	*infimus*, très-bas.

NOTA. On a dressé des listes très-complètes des adjectifs qui ont leurs comparatifs ou superlatifs irréguliers, et de ceux qui n'ont ni comparatif ni superlatif. Ces derniers sont nombreux; si le dictionnaire n'indique pas lui-même les degrés d'un adjectif, il y a lieu d'hésiter avant de les employer.

§ 3. Pronom.

Le neutre est en *ud* et non en *um* dans *ille, iste*. *Ipse* fait *ipsum*.

Is, ille, iste, ipse, ont le datif en *i* et non en *o* : *ei, ipsi*.

Le nominatif féminin pluriel de *is* est *eæ ;* celui de *hic* est *hæ*.

Le pluriel neutre de *quis* est *quæ*, mais celui de ses composés est en *a ; aliqua, ecqua*.

Nos et *vos* ont deux génitifs. La forme *nostri, vestri* désigne l'ensemble d'un tout. C'est la forme du SINGULIER ; on dirait à une assemblée considérée en masse : *vestri admo-*

nendi causâ, pour vous avertir. La forme *nostrûm*, *ves-trûm* s'adresse à chacun des membres qui composent cette assemblée ; c'est, dès lors, la forme du PLURIEL : *vestrûm admonendorum causâ*, pour avertir chacun de vous.

§ 4. Verbe.

REMARQUE GÉNÉRALE :

Dans les verbes composés avec une préposition, le radical peut changer : *a* se change parfois en *e*, *dispergo* de *spargo ;* parfois en *i*, *transigo* de *ago ; e, eæ* se changent aussi en *i*, *assidere* de *sedere*, *occidere* de *cædere*, couper.

On fait bien des barbarismes sur ce point.

REMARQUES PARTICULIÈRES SUR :

Les Voix.

Évitez de donner aux verbes déponents, ou la forme active : *polliceo ;* ou le sens passif : *polliceri, blandiri* ne signifient jamais être promis, être flatté.

Ce sens passif se rencontre pourtant quelquefois dans *ulcisci*, être vengé (Salluste) ; *meditari*, être médité (Cicéron), etc. Ce n'est pas à imiter.

Évitez de mettre au passif des verbes neutres : *sto, servio*. On est souvent trompé sur ce point par certains verbes neutres français, qui prennent parfois la forme passive : *je suis venu, je suis tombé*. Mais on sait que l'auxiliaire *être* est mis ici pour l'auxiliaire *avoir, j'ai venu, j'ai tombé*.

Quelques verbes neutres ont la signification active dans leurs composés : *adire*, aborder ; *invenire*, trouver, et peuvent conséquemment prendre la forme passive. Tous les verbes neutres peuvent prendre cette forme comme unipersonnels : *viâ curritur*, on court, il est couru sur le chemin ; *ventum est*, on est venu ; *vivitur*, on vit. Ovide a donné à ces verbes un sujet : *jam tertia vivitur ætas ;* l'imiter en prose serait un barbarisme.

Les Temps.

Rappelez-vous les règles de la formation des temps :
Futur actif en *bo*, dans les deux premières conjugaisons ;
en *am*, dans les deux autres.

Présent du subjonctif en *em*, dans la 1re ; en *am*, dans les trois autres.

Dans certains impératifs, *e* se supprime : *fac, dic, duc.*

Les imparfaits du subjonctif passif ou déponent sont en *irer*, quand l'infinitif est en *iri*, *audirer ;* en *erer*, quand l'infinitif est en *i : morerer* de *mori*, mourir.

Un certain nombre de verbes sont irréguliers ; la grammaire signale *volo, queo, possum, aio, memini*, etc. Il est bon de repasser ces verbes de temps en temps.

Les Personnes.

Tout unipersonnel ne s'emploie qu'à la troisième personne du singulier ; on ne dit pas : *pœnites,* tu te repens, *libes,* tu plais.

On trouve pourtant : *quæ libuissent,* les choses qui plaisent (Suétone) ; *quæ licent,* les choses qui sont permises (Sénèque). Ce n'est pas à imiter.

Les Modes.

Les deux modes les plus scabreux sont le PARFAIT et le SUPIN.

Pour ne point faire erreur, il faut posséder parfaitement le tableau des verbes irréguliers[1]. Ce tableau échappe à tout principe général, nous croyons pourtant pouvoir le résumer ainsi :

---

1. L'unique moyen de connaître à fond les temps primitifs latins, c'est de lire *toujours* dans le dictionnaire les temps primitifs des verbes que l'on rencontre.

1° POUR LE PARFAIT.

Dans les verbes en *uo, vo, so*, il fait simplement *i : acui* d'*acuere,* aiguiser ; *solvi* de *solvere,* briser.

Dans les verbes en ARE, il fait ordinairement *avi : amavi ; juvare,* aider, *juvi* (pour *juvavi*). — Dans quelques verbes, il fait *ui : crepare,* retentir, *crepui ; cubare,* être couché, *cubui ; micare,* briller, *micui ; domare,* dompter, *domui ; vetare,* empêcher, *vetui ; secare,* couper, *secui.*

Dans les verbes en ERE, 2° conjugaison, il fait ordinairement UI, contracté de *evi* (*e* retranché, *v* changé en *u*) : *nitere,* briller, *nitui ; latere,* se cacher, *latui ; arcere,* écarter, *arcui ; florere,* fleurir, *florui.* — D'autres ont conservé la forme EVI : *implere,* remplir, *implevi ; flere,* pleurer, *flevi.* — D'autres verbes en *ere* ont pris la forme XI : *augere,* augmenter, *auxi ; lucere,* briller, *luxi ; lugere,* pleurer, *luxi,* — ou encore la forme SI : *manere,* rester, *mansi ; tergere,* essuyer, *tersi ; fulgere,* briller, *fulsi ; urgere,* presser, *ursi ; ridere,* rire, *risi ; torquere,* tordre, *torsi.*

Dans les verbes en ERE, 3° conjugaison, le parfait varie ses formes à l'infini. Il fait :

Tantôt SI : *urere,* brûler, *ussi ; cedere,* aller, *cessi ; premere,* fouler, *pressi ; sumere,* prendre, *sumpsi ; invadere,* envahir, *invasi ; nubere,* épouser, *nupsi.*

Tantôt VI : *sinere,* laisser, *sivi ; terere,* broyer, *trivi ; cernere,* juger, *crevi ; sternere,* étendre, *stravi ; noscere,* connaître, *novi ; crescere,* croître, *crevi.*

Tantôt XI : *fluere,* couler, *fluxi ; vehere,* traîner, *vexi ; allicere,* séduire, *allexi ; regere,* diriger, *rexi ; vivere,* vivre, *vixi*[1].

Tantôt UI : *gemere,* gémir, *gemui ; accumbere,* se mettre à table, *accubui ; strepere,* faire du bruit, *strepui.*

---

1. Ne confondez ce parfait, ni avec *vici* parfait de *vincere,* vaincre, ni avec *vinxi,* parfait de *vincire,* enchaîner.

Dans les verbes en IRE, il fait encore :

Tantôt SI : *sentire*, sentir, *sensi ;* *haurire*, puiser, *hausi.*

Tantôt VI : *sepelire*, ensevelir, *sepelivi.*

Tantôt XI : *sancire*, sanctionner, *sanxi.*

NOTA. I. Il y a des verbes qui ont des parfaits à redoublement : *canere*, chanter, *cecini ; tendere*, tendre, *tetendi ; pellere*, pousser, *pepuli ; cadere*, tomber, *cecidi ; tangere*, toucher, *tetigi ; poscere*, demander, *poposci.*

Généralement ce redoublement ne passe pas dans les composés : *contendere* fait *contendi ; impellere* fait *impuli.* Il passe dans les composés de *discere*, apprendre, *addidici ;* de *poscere*, demander, *expoposci ;* — il ne passe que rarement dans deux composés de *currere : præcucurri* et *percucurri* [1].

NOTA. II. Quatre verbes donnent à leur parfait actif la forme passive ; ce sont : AUDERE, oser, *ausus sum ;* GAUDERE, se réjouir, *gavisus sum ;* SOLERE, avoir coutume, *solitus sum ;* FIDERE, avoir confiance, *fisus sum.* — ODI, ne doit s'employer que dans le sens du présent, *je hais ;* au parfait, il prend également la forme *osus sum.* Cette forme est pourtant rare ; il vaut mieux tourner par *odio habere*, ou autrement.

NOTA III. Plusieurs verbes n'ont pas de parfait usité : *clangere*, sonner ; *vergere*, tourner. Consultez, quand il y a lieu, le dictionnaire.

2° POUR LE SUPIN.

Il est en ITUM, quand le parfait est en *i* ou *ui : bibere*, boire, *bibi, bibitum ; sonare*, sonner, *sonui, sonitum.*

Les parfaits en *vi* et en *si* changent ordinairement ces syllabes en TUM : *crescere*, croître, *crevi, cretum ; scribere*, écrire, *scripsi, scriptum.*

---

1. Les composés de *canere, cecini* ont le parfait en *ui : concinere, concinui.*

N'ont pas de supin usité :

1° *Tout verbe qui n'a pas de parfait usité.*

2° *Beaucoup de verbes neutres qui ont le parfait en ui :* *timere,* craindre ; *studere,* éludier ; *patere,* s'ouvrir.

3° Ajoutez *discere,* apprendre ; *fugere,* fuir, etc.

Il faut savoir recourir au dictionnaire, spécialement pour le supin. Ce qui concerne ce mode est très-important, en raison de la formation des participes qui en dérivent, et dont on peut faire autant de barbarismes.

§ 5. Participe.

Il est bon de ne pas oublier les règles de formation pour le participe :

Le PARTICIPE FUTUR PASSIF, se forme du PRÉSENT DE L'INFINITIF ACTIF : *frango,* briser, *frangendus,* devant être brisé.

Les PARTICIPES FUTUR ACTIF et PASSÉ PASSIF se forment du SUPIN : *fractum ; fracturus,* devant briser ; *fractus,* ayant été brisé.

Le PARTICIPE PASSÉ ACTIF n'existe que dans les verbes déponents : *polliceri,* promettre, *pollicitus,* ayant promis.

NOTA. — Ce participe des verbes déponents a aussi quelquefois le sens du participe passé passif : *obliviscor, oblitus,* ayant été oublié ; *complector, complexus,* ayant été embrassé.

Les participes n'ont pas tous le comparatif et le superlatif.

Plusieurs n'ont que le COMPARATIF : *afflictus, assuetus,* etc.

D'autres n'ont que le SUPERLATIF : *exsultans, persuasus,* etc.

Généralement le dictionnaire indique les degrés qui sont usités.

§ 6. Adverbe.

Par analogie avec certains adverbes réguliers connus, on forme d'autres adverbes inconnus des latins : *densus* donne *densè*, on conclut à faux qu'*immensus* donne *immensè*.

Les adjectifs et les participes n'ont pas tous nécessairement leur adverbe correspondant. Plusieurs en sont dépourvus, soit par raison d'euphonie, soit par caprice de la langue : *opportunus* donne *opportunè*, l'adverbe d'*importunus* n'existe pas.

Les adverbes reconnus par l'usage, ont reçu des terminaisons bien diverses et bien faciles à confondre. Aucune règle ne peut être formulée sur ce point; voici pourtant quelques remarques qui pourront être utiles :

1° Les adjectifs de la 2ᵉ DÉCLINAISON forment généralement leurs adverbes — soit en E : *probè*, *doctè;* — soit en O : *crebrò*, *citò*. — Plusieurs ont les deux formes : *falsè*, *falsò; certè, certò; tacitè, tacitò* (rare).

2° Les adjectifs de la 3ᵉ DÉCLINAISON forment généralement leurs adverbes en ITER : *par*, égal, *pariter;* — *felix*, *feliciter*.

3° Il y a des adjectifs dont un cas sert d'adverbe, — soit l'accusatif neutre singulier : *facilè*, *multùm*, — soit l'accusatif neutre pluriel : *tuens torva* (pour *torvè*), regardant de travers. Ce dernier est poétique.

Les 16 prépositions qui s'emploient comme adverbes prennent un accent grave : *antè*, *pòst*, *contrà*, etc.

§ 7. Préposition.

Certaines prépositions subissent des altérations, quand elles se composent avec d'autres mots : *Afferre* pour *Adferre*, apporter; *Auferre* pour *Abferre*, emporter.

Ces altérations consistent assez souvent à doubler la consonne qui commence le mot. Cette consonne redoublée s'ajoute à la préposition simple : *efflagitare* (*e-flagitare*). Plus souvent encore elle se substitue à la dernière consonne de la préposition :

ad	donne	ac-*cumbere,* ap-*ponere,* ar-*ripere,* al-*ligare*
cum	—	col-*lacrymare,* cor-*rigere,* con-*cipere* .
in	—	im-*memor,* il-*labi,* ir-*ritus*
ob	—	oc-*currere,* of-*fendere,* op-*ponere*
sub	—	suc-*cumbere,* suf-*ferre,* sup-*ponere*
dis	—	dif-*fluere.*

§ 8. Conjonction.

Il est bon de n'employer *equidem* qu'avec un verbe à la première personne du singulier. Les auteurs classiques ne l'ont généralement employé que dans cette circonstance; ce qui avait fait croire à certains critiques que la racine de *equidem* serait *ego quidem.* Mais il y a trop de bons écrivains qui violent cet usage pour laisser place à l'étymologie indiquée [1]. Il est plus probable que *equidem* vient de *quidem* uni à *e,* particule qui a souvent pour rôle de renforcer le mot.

Ac ne se place jamais devant une voyelle.

ARTICLE SECOND.

Choix du mot classique.

Servius Tullius, 6e roi de Rome, avait divisé les citoyens en catégories ou CLASSES, en latin *classis.* On appelait *classicus* l'individu appartenant à une classe. Quoique les classes comprissent tous les Romains, l'usage s'établit d'appeler *classici* les citoyens de la première classe seulement. Le mot prit ainsi un sens d'excellence, et on appela *scriptor classicus* un écrivain du premier ordre. Ce sens a passé dans le français ; *classique* signifie *parfait,* ou, si l'on veut, *modèle.*

Le siècle modèle étant pour les latins celui d'Auguste, nous entendons par mot *classique* tout mot qui a été employé par les grands écrivains de ce siècle ; ces écrivains

1. Cicéron lui-même dit : *equidem probabile non est.*

sont, dans la prose : Cicéron, César, Tite Live, Népos, Salluste, etc.

La catégorie des mots inconnus au grand siècle comprend deux sections : 1° Les mots ANTÉRIEURS au grand siècle, que l'on appelle ARCHAÏSMES (du grec ἀρχαῖος, vieux, ancien) ; 2° les mots POSTÉRIEURS au grand siècle, que l'on appelle NÉOLOGISMES (du grec νέος λόγος, nouvelle parole).

§ 1. Archaïsme.

Il faut rejeter comme archaïsmes :

1° D'anciens génitifs pluriels en *ûm* pour *arum : Dardanidûm* pour *Dardanidarum*, des Grecs ; *cœlicolûm* pour *cœlicolarum*, des habitants célestes. Cette forme restée en poésie est devenue mauvaise en prose.

2° Certains noms dont la terminaison ancienne *tudo* s'est changée en *tas* ou *es* au siècle classique : *vanitudo*, vanité, devenu *vanitas ; canitudo*, blancheur des cheveux, devenu *canities*.

Nota. — Plusieurs substantifs en *es* ont reçu la terminaison *a*, et ont retenu les deux formes ; on dit indifféremment, *materies, segnities, barbaries*, et *materia, segnitia, barbaria*. La forme *a* est préférable au génitif et au datif, la forme *es* domine aux autres cas : *segnities, segnitiæ, segnitiæ, segnitiem, segnitie*.

3° Certains verbes actifs devenus déponents dans la langue classique : *venerare, aggredire, imitare*.

4° Certains changements de lettres :

i pour *e* : *collis* pour *colles*,
eis pour *ibus* : *queis* pour *quibus*,
u, o, pour *i* : *optumus* pour *optimus* ; *olli* pour *illi* ;
ai pour *æ* : *Romai* pour *Romæ*.

Quoique généralement classique, Salluste affectionne parfois ces formes vieillies. Dans les vingt premières lignes de son Catilina, nous rencontrons *omnis* pour

omnes, maxumè pour *maximè; mortalis* pour *mortales;
divorsi* pour *diversi; plurumùm* pour *plurimùm.*

Dans les dictionnaires, ces archaïsmes sont marqués
d'une croix.

§ 2. Néologisme.

*N'allez point étaler l'effronté barbarisme
Ni l'absurde jargon du froid néologisme* (MILLEVOYE).

Il faut rejeter comme néologismes :
1° Certains mots tirés du grec : *abyssus,* abîme, *hypo-
crisis,* fourberie.

2° D'autres, formés du latin mais irrégulièrement ; en
ista : jurista, juriste ; en *ivum : motivum,* motif.

3° Quelques adjectifs en *osus : affectuosus, virtuosus.*

4° Quelques mots formés de deux prépositions ; *præ-de-
cessor,* prédécesseur ; *super-ab-undo,* je surabonde.

Un certain nombre de ces formes se rencontrent même
dans les meilleurs prosateurs du siècle de Vespasien : Tacite, Pline, Sénèque, Quintilien. Elles ne sont pas imita-
bles, et méritent souvent le stigmate du barbarisme.

REMARQUE IMPORTANTE :

Les mots étant faits pour les idées, si l'on crée des idées
nouvelles, il faut bien, pour les exprimer, créer du même
coup des mots nouveaux. C'est pourquoi, depuis le siècle
d'Auguste, on a dû enrichir de nouveaux termes et le
langage ECCLÉSIASTIQUE, pour traduire *martyr, évêque,*
etc., et le langage HISTORIQUE, pour traduire : *bailli, parlement,* etc., et le langage SCIENTIFIQUE, pour traduire *bal-
lon, télégraphe,* etc.

Ici deux règles à observer :

PREMIÈRE RÈGLE. Quand on traite un sujet qui se rattache
directement à ces matières modernes, comme serait le

sujet de discours suivant : *un membre du parlement proteste contre la traite des nègres ;* alors, il est permis d'employer les mots nouveaux créés par les écrivains autorisés.

Ces mots se trouvent dans la plupart des dictionnaires.

SECONDE RÈGLE. Quand on a besoin d'introduire ces mots
nouveaux dans un sujet ancien, comme serait par exemple
le *récit du passage des Alpes par Annibal,* où l'on voudrait
comparer le transfert de ses machines de guerre, avec celui
des *canons,* que Napoléon devait y transporter plus tard ;
dans ce cas, il est bon de préférer aux mots nouveaux une
périphrase. *Canon* se traduira par exemple par *æs fulmi-
neum,* le bronze foudroyant. — Si la périphrase est difficile, on pourra employer le mot nouveau, avec une formule de permission : *si ita dicere licet ; vulgò dictus, a,
um,* etc.

Nous pourrions rapporter aux néologismes une autre
catégorie de mots, qui ont reçu après coup une signification étrangère à celle qu'ils avaient généralement dans le
grand siècle, comme sont les mots suivants :

		SOUS AUGUSTE	APRÈS AUGUSTE
industria	signifie	activité	industrie
injuria	—	injustice	injure
modestia	—	modération	modestie
exterminare	—	bannir (ex-terminis)	exterminer
ferox	—	fier	féroce
triumphare	—	obtenir le triomphe	vaincre
assistere	—	se tenir auprès	assister, aider
ignobilis	—	obscur	ignoble.

On voit par ces quelques exemples que plusieurs mots
français dérivés des mots latins, *industrie, injure,* etc.
reproduisent moins le sens classique du mot latin, que
celui qui vint après. Dès lors, les traduire par ce mot
latin correspondant, c'est s'exposer à des GALLICISMES bien
voisins du barbarisme. Les vrais mots classiques pour traduire *injures, exterminer,* etc. seraient *probra, delere,....,*

Pour être classique, il faut donc se mettre en garde contre l'ARCHAÏSME et le NÉOLOGISME. Mais comment reconnaître, parmi tous les mots du dictionnaire, ceux qui n'étaient pas employés dans la langue du grand siècle ?

A côté de chaque mot, le dictionnaire mentionne généralement le nom des auteurs qui l'ont employé. Quand il n'indique que des auteurs *antérieurs* ou *postérieurs* au siècle d'Auguste, et que d'ailleurs le mot n'est pas usuel, il faut savoir hésiter sur l'emploi de ce mot.

Pour mieux diriger dans cette appréciation les élèves, qui n'ont pas encore étudié l'histoire littéraire, nous dresserons à la fin de cet ouvrage, un tableau chronologique des principaux auteurs invoqués dans les dictionnaires.

NOTA I. Il faut distinguer les noms de poëtes des noms de prosateurs, parce que, même dans la langue du grand siècle, il y avait des mots poétiques que la prose vraiment classique n'employait jamais. Il est bon de n'user qu'avec réserve de certains mots usuels, à côté desquels on ne lit que des noms de poëtes. Nous reviendrons plus loin sur cette observation importante.

NOTA II. Assez souvent les élèves invoquent le témoignage des plus illustres auteurs pour justifier certaines expressions que le professeur a notées comme fautives. Ils allèguent Tacite, Sénèque et autres écrivains de la décadence. Tout en nous inclinant devant ces grands noms, nous rappelons aux élèves qu'ils doivent viser au latin *classique*, et laisser à ces auteurs les licences qu'ils s'accordent.

Nous ajouterons même qu'ils ne sont pas toujours autorisés à alléguer les noms du grand siècle. Les auteurs les plus purs ont parfois des mots qui ne sont pas à reproduire. Nous avons cité déjà les irrégularités de Salluste, nous pourrions en citer de César (souvent *u* pour *ui* au datif) et même de Cicéron. Cicéron a inventé par exemple le mot *invidentia* pour *invidia*, jalousie ; ce mot il l'a employé une seule fois et aucun écrivain ne s'en est servi après lui.

En résumé, la correction consiste, pour un élève, à employer le mot CLASSIQUE USUEL.

CHAPITRE II

PROPRIÉTÉ DES MOTS.

Ce mot *propriété* a deux sens. Il peut signifier qu'il faut rendre chaque objet, chaque pensée, par des termes *particuliers* et non par des termes généraux. *Homo*, homme, est un terme dit *général*, parce qu'il représente un genre ; *pater*, *filius* représentant des espèces, sont par rapport à lui des termes *particuliers*.

User du terme particulier de préférence au terme général et vague, cela s'appelle PRÉCISION DES MOTS.

Ce mot *propriété* peut signifier encore un degré de plus. Si plusieurs termes particuliers se présentent pour exprimer un même objet, *pater* et *parens*, père, *filius* et *natus*, fils, la propriété des mots demande que l'on choisisse entre ces termes, celui qui est *propre* à l'objet, et qui le rend de la façon la plus exacte. C'est la grave question de la SYNONYMIE DES MOTS.

Nous nous occuperons dans les deux articles suivants de la PRÉCISION et de la SYNONYMIE DES MOTS.

ARTICLE PREMIER.

Précision des mots.

Nous avons dit que la précision des mots consiste à préférer au terme vague et général le terme particulier, mieux *approprié* à l'objet.

La langue latine, plus près que les langues modernes de l'origine du langage, a dû avoir primitivement moins de mots pour exprimer les objets. Le même mot devait par conséquent servir à toute une catégorie d'objets, groupés dans la même pensée par des points de ressemblance; et les latins maintinrent et affectionnèrent l'usage de ces mots généraux et vagues, même après la création des mots plus précis.

Le mot *res* par exemple qui signifiait tout ensemble, *action*, *avantage*, *travail*, *occasion*, etc., continua d'être employé quand la langue eut créé les mots : *factum*, *commodum*, *labor*, *occasio*. Rien n'est plus commun que *quæ res* représentant ces sens divers. Les mots *ratio*, *vis*, *animus*, *consilium*, *cura*, etc. sont dans le même cas.

Le français, au contraire, cherche avant tout la précision. Il en résulte qu'il a dû créer un grand nombre de termes, qui n'ont pas de correspondants directs en latin. Nos mots ABSTRAITS surtout ne peuvent souvent se traduire que par des termes vagues :

Soit par des SUBSTANTIFS.

Ex : Le mérite d'un cheval se traduira dans le langage de Cicéron, *equi virtus*. Or *virtus* est vague, il signifie à la fois *force*, *courage*, *amour du bien*, etc. Le mot *meritum*, correspondant à *mérite,* signifie *gain* et serait un barbarisme.

Soit par des PRONOMS NEUTRES.

Ex. : Les idées d'un éternel avenir, *quod ad æternitatem pertinet.*
C'est pour cette raison que, *propter hoc.*

Soit par des ADJECTIFS NEUTRES.

Ex. : Il a vu beaucoup d'objets, *permulta vidit.*
Les difficultés de la guerre, *belli aspera.*

Souvent encore la langue française a multiplié plus que le latin les mots d'une même famille. Généralement, dans les deux langues, la même souche produit quatre espèces de mots, le nom, l'adjectif, le verbe et l'adverbe : *amor*, *amicus*, *amo*, *amicè*. Parfois un ou deux d'entre eux manquent en latin ; par exemple, l'idée de *chose qui peut se faire* n'est représentée dans le latin classique que par le verbe *possum* et l'adjectif *possibilis*, le français y a ajouté le nom *possibilité*. Comment traduire ces mots inconnus des Latins ?

La règle à observer, est de se rapprocher le plus possible du mot qui fait défaut, en employant un des autres mots de la même famille, soit l'adjectif, soit le verbe, etc...

La possibilité de cette chose, *hoc possibile* ou *quod fieri potest*.
Cet enfant fait des progrès, *puer proficit*.
Faire croire à quelqu'un, *alicui fidem facere*.

ARTICLE SECOND.

Synonymie des mots.

« On appelle SYNONYMES, dit La Bruyère, plusieurs dictions (ou *mots*), qui signifient une même chose. » Et il ajoute : « les esprits médiocres ne trouvent pas l'expression propre et usent de synonymes. »

La Bruyère a raison ; chaque mot a un sens *propre*, convenant à l'idée pour laquelle il a été créé, et ne convenant qu'à elle seule. *Contingit*, *accidit*, *evenit*, quoique synonymes, ont des sens distincts. Or la propriété des mots, telle que nous l'entendons ici, consiste à rendre chaque chose par le terme qui la représente le plus exactement ; si c'est une chose heureuse qui m'arrive, je dirai *contingit*, les deux autres mots seraient inexacts.

« Un terme impropre, dit un auteur, ne rend une idée
» tout au plus qu'à moitié, et le plus souvent la défigure et
» la rend presque méconnaissable. » Le même auteur veut

que, DÈS LA SEPTIÈME, on s'occupe de cette propriété des termes, « qui n'est autre chose que le sens même des mots. » Et en effet, quel élève de septième ne serait choqué de l'impropriété des mots, dans les deux vers suivants :

> *Le chêne une journée parla au roseau :*
> *Vous avez beaucoup motif d'accuser la nature.*

Journée est bien synonyme de *jour; parler*, synonyme de *dire*, etc. ; il sent, malgré cela, que ces deux vers ne valent rien, et il rétablira de lui-même les expressions du poëte :

> *Le chêne un jour dit au roseau :*
> *Vous avez bien sujet d'accuser la nature.*

Nous ne prétendons pourtant pas que ces confusions de mots soient toujours bien faciles à éviter, surtout dans une langue morte. Boileau se passa même un jour la fantaisie de démontrer que la chose est impossible, et le grave satirique créa, en vue de sa démonstration, une petite scène dialoguée entre un poëte français et le lyrique latin, Horace.

Le Français débute en latin par des impropriétés de termes qui changent en insultes ses compliments les mieux tournés. Après avoir beaucoup ri, Horace s'essaie à son tour en français. Il s'agit d'un modeste cours d'eau visité par des amis.

HORACE.

Sur la **rive** *du* **fleuve** *amassant de* **l'arène** (*arena*, sable).

LE FRANÇAIS.

Halte là ! On ne dit pas en notre langue sur la **rive** *du* **fleuve**, *mais sur le* **bord** *de la* **rivière** (*rive* et *fleuve* ne s'appliquent qu'à un cours d'eau considérable); *amasser de* **l'arène**, *ne se dit pas non plus; il faut dire du* **sable** (*arena*, c'est une étendue de sable, arène).

HORACE.

Vous êtes plaisant. Est-ce que **rive** *et* **bord** *ne sont pas des synonymes, aussi bien que* **fleuve** *et* **rivière**? *Comme si je ne savais pas que dans votre* **cité** *de Paris, la Seine passe sous le* **Pont-nouveau**. *Je sais tout cela sur* **l'extrémité** *du doigt.*

Le Français.

Quelle pitié ! Je ne conteste pas que toutes vos expressions ne soient françaises, mais vous les employez mal. Par exemple, quoique le mot de **cité** *soit bien en soi, il ne vaut rien où vous le placez : on dit la* **ville** *de Paris, de même on dit le* **Pont-neuf** *et non pas le Pont* **nouveau** *; savoir une chose sur le* **bout** *du doigt et non pas sur* **l'extrémité** *du doigt.*

Ces deux poëtes ne purent s'entendre, et Apollon les chassa du Parnasse.

Si Horace dit tant de sottises en français, son interlocuteur avait dû en dire bien davantage en latin. Dans une langue vivante, on crée chaque jour des expressions nouvelles, où le sens primitif des mots est détourné, modifié, et cela est légitime, pour ne pas dire nécessaire.

Le mot *parlement* avait tout d'abord signifié *langage ;* il signifia dans la suite les *assemblées* où l'on parle, où l'on délibère.

Le mot *libertin,* qui, au XVIIe siècle, signifiait un homme perdu au point de vue des croyances religieuses, a signifié au XVIIIe un homme perdu au point de vue des bonnes mœurs.

Mais une langue morte, comme le latin, est fixée ; il faut prendre chacune de ses expressions, chacun de ses mots, dans le sens que leur a laissé le peuple qui la parlait. L'invention n'est plus possible, l'imitation seule est permise, une imitation stricte, mathématique. Cette imitation est difficile, elle n'est pas impossible. Un élève qui s'habituerait de bonne heure à observer le sens exact des mots, arriverait, vers la fin de ses études, à écrire à peu près convenablement en latin.

Nous n'avons pas la prétention d'insérer dans ce court travail, la longue liste des Synonymes latins, nous nous bornerons aux principaux.

On compte en latin 3 classes de synonymes :

1° Ceux qui ont les mêmes radicaux avec des terminaisons diverses : *amor, amicitia.*

2° Ceux qui ont les mêmes radicaux, composés avec des prépositions : *amare, de-amare, ad-amare.*

3° Ceux qui ont des radicaux divers : *amor, **dilectio.***

PREMIÈRE CLASSE DE SYNONYMES.

Mêmes radicaux, terminaisons diverses.

Au lieu d'énumérer les mots, ce qui serait long, nous allons indiquer quelle nuance de sens s'attache, d'une manière générale, aux terminaisons les plus usuelles des différentes espèces de mots.

§ 1. Nom.

Les noms en io, us, indiquent l'*action*,
  io, une action durable, *auditio, visio.*
  us, une action temporaire, *auditus, visus* (d'un objet qui passe).

Les noms en ns, or, indiquent l'*agent*,
  ns, l'agent durable : *amans.*
  or, l'agent temporaire *amator* [1].

Les noms en ntia, tas, indiquent une *qualité* de l'agent ou de l'action.
  ntia, la qualité durable : *potentia*, puissance.
  tas, la qualité temporaire : *potestas.*

§ 2. Adjectif.

bilis indique qu'une chose peut être faite ; *amabilis*, peut être aimé.

Remarque. *Ilis* est souvent une contraction de *ibilis* : *fragi-*

_____
1. La terminaison française exactement correspondante est *eur*. Ce changement de *o* en *eu* n'est pas rare : *plorare* fait *pleurer*, *probare* fait *preuve*, *populus* fait *peuple*, *novus* fait *neuf.*

lis pour *frangibilis* (*frango*), peut être brisé ; — *docilis* pour *docibilis* (*doceo*), peut être enseigné ; — *utilis* pour *utibilis* (*utor*), peut être employé ; — *nobilis* pour *noscibilis* (*nosco*), peut être connu ; — *facilis* pour *facibilis* (*facio*), peut être fait.

Les mots en IDUS, OSUS, indiquent une *qualité* ou un *défaut,*

IDUS, au premier degré : *invidus* [1], envieux.

OSUS, au degré le plus élevé : *invidiosus*, très-envieux.

Les mots en EUS indiquent la *matière : aureus* d'or ; *ligneus,* de bois.

Les mots en ICUS, IUS, indiquent la *possession : regius,* appartenant au roi ; *scenicus,* appartenant au théâtre.

§ 3. Pronom.

Il y a deux pronoms INTERROGATIFS : *qui, quæ, quod; quis, quæ, quid.*

Différence entre le masculin *quis* et *qui :*

Quis interroge sur le nom : *quis es?* Comment vous appelez-vous ?

Qui interroge sur la qualité : *qui es?* Quels sont vos titres ?

Différence entre les neutres *quid* et *quod :*

Quid, joue le rôle de substantif : *quid pulchrius,* quoi de plus beau ?

Quod, joue le rôle d'adjectif : *quod nomen* [2], quel nom ?

Plusieurs pronoms INDÉFINIS paraissent synonymes, ce sont :

QUICUMQUE, QUISQUIS, QUIVIS [3], QUILIBET [4], tout homme qui, le premier venu.

1. De *in* privatif et *video*. refuser de *regarder quelqu'un.*
2. De *nosco,* on est connu par son nom : le parfait *novi,* donne *novimen, nomen*.
3. *Qui* et *volo, vis,* celui que vous voulez.
4. *Qui* et *libet,* celui qu'il vous plaît.

Quisquis, quicumque, ne s'emploient qu'avec un antécédent : *quicumque, quisquis hoc facit, is* (antécédent exprimé ou sous-entendu), *bene facit,* tout homme qui fait cela, celui-là fait bien.

Quivis, quilibet s'emploient sans antécédent : *cuivis, cuilibet scientia est necessaria,* au premier venu la science est nécessaire.

Après le siècle d'Auguste, on rencontre *quicumque* employé pour *quivis,* ce n'est pas à imiter.

§ 4. Verbe.

Si les synonymes, ayant même radical, appartiennent à des conjugaisons différentes, voici quelques distinctions fondamentales :

La 2ᵉ conjugaison, en *eo,* indique ordinairement l'ÉTAT. C'est pourquoi elle renferme beaucoup de verbes neutres, correspondant à des verbes actifs de la 3ᵉ conjugaison : *jacio,* je jette ; *jaceo,* je suis étendu ; — *pario,* je produis ; *pareo,* je parais.

La 1ʳᵉ, la 3ᵉ et la 4ᵉ conjugaison indiquent de préférence l'ACTION, mais avec des nuances :

La 1ʳᵉ indique soit la *cause* de l'action : *fugare,* causer la fuite ; — soit la *vivacité* de l'action : *aspernari,* mépriser hautement.

La 3ᵉ et la 4ᵉ indiquent l'*action toute simple :* *fugere,* fuir ; *spernere,* mépriser.

§ 5. Adverbe.

Les adverbes ont des terminaisons multiples :
IM, TER, E, O marquent la manière dont une chose se fait : *furtim*[1], secrètement ; *audacter*[2], audacieusement ; *divinè,* d'une manière divine ; *continuò,* sans interruption.

1. *Fur,* voleur.
2. *Audere,* oser.

ITUS marque la provenance : *divinitùs,* par l'inspiration des dieux.

ES marque le nombre : *decies,* dix fois.

PER marque le temps : *nuper* [1], récemment ; *paulisper* [2], un peu de temps.

UM, O [3] marquent l'ordre, le rang, avec deux différences :

1° UM indique qu'une chose se fait pour la 1re, 2°, 3° fois, *tertiùm consul,* consul pour la 3° fois ; *quartùm, quintùm,* pour la 4°, pour la 5° fois.

   o marque simplement l'ordre : *tertiò consul,* consul élu le 3°, après deux autres. *Quartò, quintò,* et au-dessus ne sont pas usités dans le latin classique.

2° UM, suivi de *deindè,* indique le rang, par *importance : loquemur* primùm *de diis,* deinde *de hominibus;* nous parlerons d'abord des dieux, puis des hommes.

   o, suivi de *deindè,* indique le rang par *ordre de date :* adibimus *primò* Luteliam, *deindè* Romam ; nous visiterons d'abord Paris, puis Rome.

NOTA. — Avec *ut, ubi, quàm,* etc., la finale *ùm* est seule permise : *ubi primùm, quàm primùm...*

DEUXIÈME CLASSE DE SYNONYMES.

Mêmes radicaux composés avec des prépositions.

Il n'y avait primitivement que des mots simples, *mens, ducere;* ils représentaient l'idée commune dans son sens général. Bientôt des idées nouvelles se firent jour, modifiant l'idée commune, pour la développer, pour la fortifier,

---

1. *Novum, per ?*
2. *Per paulum.*
3. Ces deux finales présentaient peu de différence. On raconte que, dans une cérémonie dont on rédigeait le compte-rendu, on hésitait entre *tertium consul* et *tertio consul.* Cicéron consulté se tira ingénieusement d'embarras, il fit supprimer la finale et écrire : *tert. consul.* Plus tard, on fit la distinction que nous allons indiquer.

pour y ajouter des circonstances de lieu, de temps, de manière, de position.

Représenter ces nuances par des mots nouveaux, c'était charger considérablement le vocabulaire de la langue. Déjà existaient d'autres mots, généralement très-courts, qui répondaient à ces idées secondaires, c'étaient les PRÉPOSITIONS. On les combina avec les mots simples, et l'on créa ainsi les mots composés : *mens* donna *amentia, dementia; ducere* donna *inducere, adducere, abducere, conducere,* etc.

Quelles idées secondaires chaque préposition ajoute-t-elle au terme simple dans la formation des synonymes? C'est ce qui nous reste à établir.

Mais faisons d'abord deux remarques générales :

La PREMIÈRE, c'est que dans la plupart des prépositions domine, soit l'idée d'*éloignement :* A, E, DE, DIS, SE; soit l'idée de *rapprochement :* AD, CUM, IN.

La SECONDE, c'est que les prépositions d'éloignement amènent l'*absence,* c'est-à-dire la *négation* de l'idée simple, et équivalent ainsi à l'*in* privatif : *absimilis,* non semblable; *exanimis,* non vivant; *difficilis* (de *dis* et *facilis*), non facile; *securus* (*sine curâ*), non inquiet.

Nous allons maintenant indiquer les principales idées secondaires, que chaque préposition en particulier ajoute à l'idée générale du mot simple.

a ou ab

ELOIGNEMENT pur et simple : *abducere,* conduire loin de.

e ou ex

1° ELOIGNEMENT par *sortie : educere,* conduire hors de.
Parfois sortie de bas en haut : *evadere,* s'échapper d'un souterrain ; *emergere,* sortir de l'eau; *eminere* (*e, manere*), demeurer au-dessus.
2° Action de pousser une chose jusqu'au résultat, jus-

qu'au PERFECTIONNEMENT : *efficere*, achever ; *exornare*, embellir jusqu'aux détails ; *enumerare*, compter jusqu'au bout. — ÉTAT de la chose poussée jusqu'au perfectionnement, jusqu'au superlatif : *edurus*, très-dur.

de

1° ÉLOIGNEMENT pur et simple, comme *ab* : *deflectere*, détourner.

Parfois éloignement de haut en bas : *defluere*, couler du haut d'une montagne.

2° Action de pousser une chose jusqu'à l'ACHÈVEMENT, comme *ex* : *denarrare*, raconter jusqu'au bout ; *depugnare*, combattre jusqu'à la victoire.

3° Idée de TORT ou de sentiment DÉSAGRÉABLE : *denuntiare*, *derelinquere*, avoir tort de raconter, d'abandonner.

dis, se [1]

Ces deux prépositions indiquent SÉPARATION de plusieurs choses unies ou voisines, mais avec deux différences :

1° DIS, marque simplement séparation : *discedere*, s'écarter de.

SE, marque séparation en raison d'un but déterminé : *secedere*, s'écarter en vue de se dérober aux regards.

2° SE, marque séparation d'un tout, d'un objet mis à part des autres : *semovere*.

DIS, a le même sens (*dimovere*), mais il indique parfois aussi une séparation des parties d'un même objet : *dilatare* (*dis*, *latus*, côté), en parlant d'un corps qui se distend ; *diffluere*, en parlant d'un cours d'eau divisé en plusieurs branches.

---

1. Nous rangeons ici *dis* et *se* (pour *sine*) au nombre des prépositions, parce que ces particules en jouent le rôle. Même observation pour *re* qui viendra plus loin.

ad

1° Direction vers un objet, un lieu, sans y pénétrer : *ad-ducere*.

Parfois direction d'un sentiment où il y a vivacité : *adamare, admirari,* aimer, s'étonner beaucoup.

Parfois direction d'une chose vers soi-même ; c'est le sens appelé moyen : *attrahere,* tirer à soi ; *accipere (ad capere),* recevoir.

2° Voisinage : *adesse,* être présent ; *affinis,* attenant à...

in

1° Direction vers un lieu où l'on pénètre : *ingredi,* entrer dans.

Parfois direction *contre* quelque chose, par hostilité : *incitare.*

2° Négation, très-fréquemment : *ignotus (in, notus)* ; *impar.*

cum

1° Réunion, assemblage de plusieurs choses, dès lors :

La *pluralité,* soit dans le sujet agissant : *congredi, consurgere,* marcher, se lever plusieurs à la fois ; — soit dans l'objet de l'action : *congregare (grex,* troupeau), réunir ; *conscribere,* enrôler.

L'*accord,* l'harmonie des choses : *componere,* apaiser.

2° Énergie de l'action, pour laquelle on concentre toutes ses forces : *collaudare, cohortari,* louer, exhorter beaucoup.

per

1° Idée d'un milieu traversé : *perfodere,* percer.

Dès lors, souvent détérioration, destruction : *perire,*

avoir traversé la vie; — *perdere* (*dare*), détruire; — *perfidus*, celui dont la bonne foi (*fides*) est détruite.

2° ÉNERGIE de l'*action*, ou son ACHÈVEMENT, forme du superlatif : *persequi*, poursuivre; *perficere*, achever.

Dès lors PERFECTION de l'état : *perdignus*, très-digne; *pergratus*, très-agréable.

pro, ante, præ

Mouvement ou position EN AVANT :

pro, en avant, sans considérer ce qui suit : *procedere*, s'avancer.

ante, en avant, par comparaison avec ce qui suit : *antecedere*, n'avoir personne après soi.

præ, même sens que *ante*, mais il attire encore plus que lui l'attention sur ce qui est après : *præcedere*, devancer tous les autres.

ob

Mouvement ou position AU-DESSUS, EN FACE :

Au-dessus : *obtegere*, couvrir; *offundere*, répandre sur.

En face : *opponere*, placer contre; *obstare*, faire obstacle.

sub

Mouvement ou position AU-DESSOUS :

subdere (de *dare*), cacher; *sufferre*, porter en se tenant dessous.

De là, idée d'une action peu apparente, diminuée : *subagrestis*, un peu agreste; *subridere*, sourire.

re

1° Mouvement ou position EN ARRIÈRE :

reclinis, penché en arrière; *refugium*, lieu où l'on recule, où l'on fuit (*fugere*).

2° RENOUVELLEMENT d'une chose : *relegere*, relire.

Cette préposition prend un *d* euphonique devant les voyelles : *re-d-ire*, revenir. Les mots où elle ne prend pas ce *d* sont de la décadence : *reædificare, reinvitare*.

Observation. Quelques prépositions gouvernent en composition un autre cas que celui qu'elles gouvernent isolées.

Dans *antea, postea, interea, ea* n'est pas l'accusatif pluriel neutre, c'est un ablatif féminin, comme *hac*, dans *antehac*, jusqu'à présent (*ante hoc tempus*), dans *posthac*, ensuite (*post hoc tempus*).

TROISIÈME CLASSE DE SYNONYMES

Radicaux divers.

§ 1. Substantif.

Ages.

INFANS[1], de 1 à 7 ans.   JUVENIS, de 30 à 40 ans.
PUER, de 7 à 15.   VIR[3], de 40 à 60.
ADOLESCENS[2], de 15 à 30.   SENEX, 60 ans.

NOTA. *Liberi*, les enfants libres de la maison, opposé aux enfants des esclaves, n'avait pas de singulier; on créa *puer* pour lui correspondre. Mais peu à peu, *puer* signifiant tout d'abord *enfant libre*, s'étendit à tous les membres subordonnés de la famille romaine, qui comprenait les maîtres et les esclaves, et il devint ainsi synonyme de *servus* ou *famulus*.

Ame et ses facultés.

ANIMA, en tant que donnant la vie *matérielle* à tout être animé.

ANIMUS, en tant que donnant la vie *spirituelle* à l'homme.

Animus comprend 3 facultés :

1° Celle de PENSER (*cogitare*[4]).

---

1. *In fari*, ne pas parler.
2. *Adolesco*, croître.
3. *Vis*, force.
4. *Cum, agitare*, rouler dans son esprit, avec soi.

MENS, faculté de *penser* en général, — celui qui ne pense plus est *amens,* insensé.

RATIO, faculté de penser aux choses *abstraites,* non sensibles : *sagesse, espérance, idée de cause et d'effet.*

INTELLIGENTIA, faculté de *comparer* plusieurs pensées.

2° Celle de VOULOIR.

VOLUNTAS, faculté de *se déterminer* à faire ou à ne pas faire quelque chose.

3° Celle de SENTIR.

PECTUS, faculté d'*aimer* ou de *haïr.*

ANIMUS, lui-même, quoique ayant un sens très-général, signifie de préférence la faculté de *sentir* ou d'*aimer.*

REMARQUE. Deux autres mots s'appliquent également à plusieurs sens :

COR, signifie souvent *cœur, amour,* mais parfois aussi *intelligence : excors,* insensé; *cor habere,* être habile. (Cic.)

INGENIUM représente toutes les qualités *innées,* naturelles (*in genere,* ce qui est dans la nature). — Pourtant pour désigner les qualités naturelles par rapport au *cœur,* on préfère *indoles,* bon caractère, bon naturel.

Amour.

AMOR, amour *sensuel,* instinctif.

CARITAS, amour *raisonnable,* éclairé, élevé.

PIETAS, amour de *respect,* envers Dieu et ses parents.

STUDIUM [1], amour de *zèle,* basé sur la sympathie.

BENEVOLENTIA [2], amour d'*estime* qui porte à faire du bien, à protéger.

FAVOR, même sens que *benevolentia,* mais plus fort.

Armée.

EXERCITUS, formée par l'*exercice (exercere).*

1. Du grec σπουδή, zèle.
2. *Bene velle.*

Acies[1], rangée en bataille, formant le *coin* (*acuo*).

Agmen, armée en *marche* (*ago*, conduire).

Manus, poignée d'hommes.

Campagne, champ.

Rus, la campagne, opposé à la *ville*.

Ager, terrain propre à une *culture quelconque* (labour ou pâturage).

Arvum[2], terre à *labour* seulement, opposé à *pabulum*, pâturage.

Campus, terrain quelconque, assez grand pour qu'on s'y meuve à l'aise (*Champ-de-Mars*).

Fundus, terre, *propriété* en tant qu'appartenant à un maître. — Il désigne plutôt les *champs* qui dépendent de la ferme, et *villa*, plutôt la *maison*.

Chaleur.

Tepor, *douce*. — Calor, *plus forte*. — Ardor, *brûlante*. — Æstus, produisant l'*ébullition*. — Fervor, produisant le *pétillement*.

Chemin.

Via, *large*. — Semita[3], *étroit*. — Trames[4], *chemin de traverse*. — Iter indique de préférence l'*action* de marcher : *in itinere*, pendant la marche.

Danger.

Discrimen[5], *passager* ou *grave*, une *crise*.

Periculum, *durable* ou *peu grave*.

---

1. Chez les anciens les armées combattaient en présentant la pointe d'un triangle.
2. *Arare*, cultiver.
3. *Semis iter*, moitié de chemin.
4. De *trameare* pour *trans meare*, aller au delà.
5. *Discernere*, distinguer, séparer ; une crise est un moment décisif, qui distingue, sépare deux situations.

Dieu.

Deus, en tant qu'être *supérieur à nous*.
Numen, en tant que *tout-puissant* (*nutus*, signe de volonté).

Eau.

Aqua, en tant que *liquide*.
Lympha, en tant que *transparente*.
Unda ou fluctus, en tant que *mobile* (onde, ondoyer).

Ennemi.

Adversarius, tout homme qui est *contre nous* (adversus).
Hostis, ennemi de *guerre*.
Inimicus, ennemi *privé* (*in* privatif, *amicus*).
Infensus, homme froissé, qui cherche à se *venger*.

Famille.

Domus, le chef de famille et tous ses subordonnés.
Familia, ses *subordonnés seuls :* enfants, clients, esclaves.
Gens, stirps, c'est la race *ascendante*. Au premier degré de l'ascendance sont les *patres*, ancêtres immédiats ; avant eux les *majores*, ancêtres plus reculés.
Progenies, c'est la race *descendante*. Au premier degré de la descendance sont les *liberi*, enfants ; après eux les *posteri* et les *minores*, petits-enfants.
Proles, soboles sont les mots poétiques pour *progenies*.

Faute, crime.

Delictum, en tant que violant la loi, l'*abandonnant* (*delinquere?*)
Noxa, en tant que *nuisant* à autrui (*nocere*, nuire).
Scelus, en tant que lui *nuisant gravement*.
Flagitium, crime *honteux, déshonorant*.
Nefas, crime contre les dieux, *sacrilége* (non fas).

Facinus, action *éclatante* bonne ou mauvaise (*facere*).

Culpa, *état punissable* résultant de la faute.

Crimen signifie ordinairement *accusation* et non pas crime (κρίνω, *juger*).

Habileté.

Prudentia[1], *facilité à distinguer* le bien et le mal.

Calliditas, disposition à employer la *ruse*.

Solertia[2], *dextérité* dans un art.

Peritia[3], habileté acquise par l'usage, l'*expérience*.

Hasard.

Casus[4], fait qui n'a pas été *prévu;* l'occasion.

Fortuna, puissance, en tant qu'agissant par *caprice ;* la fortune.

Fatum, puissance en tant que *s'imposant* au monde; la fatalité.

Sors, condition que le *hasard* fait à chacun; le sort.

Homme.

Homo, *créature humaine* en général, comprenant même les femmes ; assez souvent pourtant, il désigne l'*homme,* opposé à *femina,* femme.

Vir, homme de *cœur,* de courage; d'où *virtus.*

Image.

Imago[5], représentation de l'objet, en tant que lui *ressemblant.*

Simulacrum[6], en tant que *n'étant pas la réalité.*

Effigies[7], image produite par *l'art,* non par la nature.

---

1. Syncope pour *providentia,* prévoyance.
2. *Solus, ars.*
3. *Peritus.*
4. *Cadere,* tomber.
5. Pour *imitago,* d'*imitor.*
6. *Similis.*
7. *Fingere,* faire.

— Dans un miroir, c'est *imago,* dans une peinture *effigies.*

Lumière.

LUMEN, *objet* qui donne la lumière (*soleil*).
LUX, *éclat* que projette l'objet lumineux : *lumine lux diffunditur.*

Mer.

MARE, opposée à la *terre.* — PELAGUS, *immense.* — SALUM [1], *agitée.* — ÆQUOR [2], *paisible.* — PONTUS, c'est le mot poétique.

Monde.

TERRA, la *terre* seulement ; *orbis terrarum,* plus solennel.
MUNDUS [3], tout l'*ensemble harmonieux* des êtres créés, terrestres et célestes.

Mort.

MORS ou *letum* [4] (POÉT.), c'est la mort *naturelle.*
OBITUS [5] et EXITUS [5], *sortie* de la vie, sont des euphémismes de *mors.*
NEX, mort *violente* (*necare, tuer*).
INTERITUS [5] est l'euphémisme de *nex.*

Obscurité.

TENEBRÆ ou CALIGO (plus fort), considérée dans l'*atmosphère.*
OBSCURITAS, considérée dans l'*objet non éclairé.*

Parole, mot.

VOX, c'est le *son* qui sort de la bouche de tout animal.

1. *Sal,* sel.
2. *Æquus,* uni.
3. Adj. *mundus,* beau, orné.
4. *Leo,* inusité, détruire.
5. *Ire.*

Verbum, *son*, en tant qu'exprimant une *pensée* (ne convient qu'à l'homme).

Vocabulum, mot considéré *grammaticalement :* nom, adjectif, etc.

Dictum, souvent *bon mot, saillie.*

Père.

Parens [1], celui ou celle qui a des *enfants.*

Pater, celui qui a *l'autorité* paternelle (sénateurs : *patres*).

Perte, malheur.

Damnum [2] et jactura [3], perte dont on est cause *soi-même.*

Detrimentum [4], perte qui nous vient du *sort* ou des *autres.*

Calamitas [5], dommage *considérable*, souvent *public*, fléau.

Res adversæ, *série* d'événements malheureux.

Peuple.

Gens [6], ou natio, réunion d'hommes, habitant le *même territoire.*

Populus, réunion d'hommes, obéissant aux *mêmes lois.*

Plebs, classe *inférieure* par rapport à *populus.*

Vulgus, classe *ignorante*, grossière, par rapport à *plebs.*

Repas.

Epulæ, repas en général ; *epulum*, souvent repas *public.*

Convivium [7], (*convictus*, après Auguste), repas d'*amis.*

---

1. *Pario*, produire.
2. *Demo ?* ôter.
3. *Jacio*, jeter.
4. *Deterio*, broyer.
5. *Calamus*, roseau ou tige de blé; *calamitas*, était primitivement le dommage causé aux récoltes.
6. *Genus*, race.
7. *Cum, vivere.*

DAPES, repas *religieux*, avec sacrifice.

CŒNA, repas du *soir* (*cœnare*, dîner).

PRANDIUM, repas du *matin* (*prandeo*, déjeuner).

Réunion, assemblée.

CONCILIUM et CONCIO [1], assemblée *convoquée*.

CŒTUS (*cum*, *ire*), réunion *volontaire* quelconque.

CONVENTUS (*cum*, *venire*), réunion volontaire pour un *but sérieux*.

Sang.

SANGUIS, coulant dans les *veines*.

CRUOR, sortant d'une *blessure* (*du grec* ῥέω, couler).

Science.

SCIENTIA, dans le sens de *connaissance ;* il ne s'emploie guère sans déterminatif, *scientia musicæ*, la connaissance de la musique.

DOCTRINA [2] et DISCIPLINA [3], dans le sens d'*instruction*.

Temple.

TEMPLUM, où l'on observait les *augures* (*contemplari*, regarder).

FANUM, où l'on rendait les *oracles* (*fari*, parler).

DELUBRUM, où l'on se *purifiait* (*luo*, laver).

Travail, soin.

OPERA, l'action en elle-même, opposée au *repos*.

OPS, *l'instrument*, ce avec quoi on fait l'action (*opes*, ressources).

OPUS, le *résultat* de l'action, l'ouvrage produit.

Quant à la disposition avec laquelle on travaille :

INDUSTRIA [4], activité (*indu* pour *in*, et *struere*, créer).

---

1. *Cieo*, appeler.
2. *Doceo*, enseigner.
3. *Discere*, apprendre.
4. *Industrie*, profession mécanique, se dit : *ars* ou *ars operosa*.

Sedulitas, activité *inquiète, empressée*.
Diligentia, soin des *détails* (*diligo*, aimer avec choix).
Studium, *zèle*, amour de son œuvre (*studere*, se plaire à).

Ville.

Urbs, la ville et ses *édifices*.
Civitas, la totalité de ses *citoyens* (*civis*).
Oppidum, ville *fortifiée* (*ops*, force).

Visage.

Facies, la forme, la *structure* du visage (*facere*, façonner).
Os, visage en tant qu'*opposé aux autres parties du corps*.
Vultus, en tant qu'exprimant les *dispositions de l'âme :* l'affection, la colère, la *volonté* surtout, (*vult*, racine de *vultus*).

Observation : La différence signalée entre les *substantifs* existe souvent entre les *adjectifs* correspondants.

Carus, pius, benevolens sont entre eux comme *caritas, pietas, benevolentia.*

Tepidus, calidus, ardens, fervens sont entre eux comme *tepor, calor, ardor, fervor.*

Prudens, callidus, solers sont entre eux comme *prudentia, calliditas, solertia*, etc., etc...

De même beaucoup de *substantifs* dont nous n'avons pas parlé sont entre eux comme leurs *adjectifs* que nous allons mentionner.

On conclura pour *probitas, bonitas, honestas, rectitudo*, ce que nous dirons de *probus, bonus, honestus, rectus ;* pour *superbia, arrogantia, fastus*, ce que nous dirons de *superbus, arrogans, fastuosus*, etc.

Même règle pour les verbes ; on appliquera à *mori* et *obire* ce que nous avons dit de *mors* et *obitus ;* et on conclura pour *petitio, rogatio, oratio* ce que nous dirons de *petere, rogare, orare.*

C'est ainsi que dans notre tableau de synonymes, les divers paragraphes, mis en regard les uns des autres, se complètent mutuellement.

§ 2. Adjectif.

Ancien.

ANTIQUUS (*ante*), PRISCUS (*præ*), ancien qui *n'existe plus.*
VETUS, VETUSTUS, ancien qui *existe encore.*

Beau, laid.

PULCHER, par les qualités *intérieures* (opposé *fœdus*).
    Les autres mots ont trait aux qualités *extérieures :*
FORMOSUS[1] et SPECIOSUS[2], beauté qui *réjouit* (opposé *deformis*).
VENUSTUS (*Venus*, déesse, charme), beauté qui *attire.*
DECORUS (*decus*, éclat), beauté qui *éblouit.*

Bon, mauvais.

PROBUS[3], qui *évite le mal* (opposé *improbus*).
BONUS, qui fait le bien par *inclination* (opposé *malus*).
HONESTUS[4], qui fait le bien par *honneur* (opposé *turpis*).
RECTUS[5], qui fait le bien par *amour de la loi* (opposé *pravus*).

Clair, évident.

CLARUS, parce que l'objet est *lumineux.*
MANIFESTUS (*manus*, sous la main), parce qu'il n'est *pas éloigné.*

---

1. *Forma*, beauté.
2. *Species*, belle apparence.
3. Pour *probandus*, digne d'être approuvé.
4. *Honor.*
5. *Regere*, conduire.

Apertus (*aperio,* découvrir), parce qu'il n'est *pas caché.*

Perspicuus (arch. *specere,* voir), parce qu'il est *transpa-
rent.*

Cruel.

Atrox (d'*ater,* noir), qui a l'*air* farouche.

Crudelis [1], sævus, cruel *intérieurement,* par *défaut de sensibilité.*

Ferus, cruel par *méchanceté ;* d'où vient *férocité.*

Ferox, *fier, courageux* (ce n'est pas un défaut).

Barbarus, opposé à *civis,* celui qui n'était ni Grec, ni
Romain, dès lors signifie *grossier* par les mœurs et le
langage (*barbarisme*).

Deux.

Duo indique le nombre *deux.*

Ambo signifie *les deux* dont on a déjà parlé.

Gemini et bini, deux choses qui vont généralement *ensemble.*

Douteux.

Dubius, incertus (plus fort), douteux par *défaut de
clarté.*

Ambiguus [2], douteux par *défaut de motifs,* pour se déterminer à l'action.

Anceps [3], s'il y a *danger* dans l'action ou dans l'omission.

Nota. — Parmi les noms en *ceps,* les uns empruntent cette dé-
sinence au mot *caput* et ont le génitif en *cipitis : biceps, præceps,
anceps ;* les autres dérivés de *capio* font *cipis* au génitif, *particeps*
(*partem capere*).

1. *Cruor,* sang.
2. *Ambo, agere,* agir des deux côtés.
3. *Ambo, caput.*

Egal.

S'il s'agit d'un seul objet :
PLANUS, qui ne présente pas *d'aspérités à la vue.*
ÆQUUS, qui ne présente pas *d'achoppement à la marche.*
S'il s'agit de deux objets :
ÆQUALES, qui ont des forces égales, *en repos* (æquus).
PARES, qui ont des forces égales, *dans la lutte.*

Éloquent.

FACUNDUS, qui cause *agréablement* et *facilement* (*fari,*
　　parler).
DISERTUS, qui explique *beaucoup de choses,* (*dis, ars.*)
ELOQUENS, qui *agit puissamment* sur les âmes.

Étranger.

EXTERUS, simplement homme qui est *hors de son pays.*
PEREGRINUS, en tant que *voyageant à l'étranger* (*per*
　　agros).
ADVENA, né à l'étranger, mais *naturalisé dans le pays.*
HOSPES, étranger, *recueilli comme hôte* (hospitalité).
ALIENUS, qui *appartient à un autre* (opposé *suus*).

Extrême.

EXTREMUS, qui *est aux extrémités,* premier ou dernier.
ULTIMUS, dernier, dans un objet d'une *longueur continue*
　　(chaîne).
POSTREMUS, dernier, dans un objet composé de *parties*
　　distinctes (rangée d'arbres).
NOVISSIMUS, comme *postremus* (une seule fois dans Cicé-
　　ron), s'applique non à des objets mais à des faits;
　　c'est le plus récent, le dernier produit.

Faible.

DEBILIS, faible de corps, en tant que *ne pouvant rien*
　　faire.

Invalidus, faible de corps, en tant que *manquant de force*.

Infirmus, faible de corps, en tant qu'*étant malade*.

Imbecillus, faible de corps, et assez souvent *faible d'esprit* (*in* privatif, *baculus*, bâton, appui).

Fertile.

Fertilis, qui peut produire *quelque chose* (*fero*, porter).

Fecundus, uber, qui peut produire *beaucoup* (*facere*, faire).

Ferax, qui *aime* à produire (*fero*).

Grand.

Magnus, d'une manière générale.

Grandis, grandeur *majestueuse* (édifice).

Amplus, grandeur *massive* (éléphant).

Ingens, grandeur *démesurée* (géant).

Immensus [1], vastus [2], d'une grande *étendue* (désert).

Haut.

Celsus, excelsus, præcelsus, ce qui *s'élève au-dessus* du reste.

Arduus, dont l'élévation offre des *difficultés* (rocher).

Sublimis, dont l'élévation établit la *supériorité* (royauté).

Altus, ce qui n'est *pas de niveau*, en hauteur (colonne), ou profondeur (abîme).

Summus et supremus [3], c'est la partie *la plus élevée* ou *la plus éloignée* d'un objet.

Heureux.

Beatus, celui à qui il *ne manque rien*.

Felix, celui qui *réussit* dans ses entreprises.

---

1. *In*, priv., *metiri*, mesurer.
2. *Dévaster*, faire un désert.
3. Superlatif de *super, superior, superrimus* (par contraction *supremus*). *Summus* serait-il une nouvelle contraction de *supremus?*

LÆTUS, dont la joie éclate *extérieurement.*

FORTUNATUS, qui a *beaucoup de richesses.*

Lent.

LENTUS, qui ne marche pas *assez vite.*

TARDUS, qui arrive *trop tard.*

Orgueilleux.

SUPERBUS[1], qui veut surpasser les autres *en éclat,* souvent *idée de tyrannie* (Tarquin le *Superbe*).

ARROGANS, qui veut empiéter sur *leurs droits* (*rogare,* réclamer).

FASTUOSUS, qui les *méprise* (*fastus,* dédain).

Prompt, rapide.

RAPIDUS[2], VELOX, CELER, prompt *par nature.*

CITUS, prompt *par impulsion* (*cieo,* pousser).

PROPERUS[3], FESTINUS[3], prompt *par effort* pour atteindre un but.

Propre à.

APTUS[4], par sa *nature.*

IDONEUS, par les *circonstances.*

Remarquable, brillant.

CLARUS, d'une manière générale.

ILLUSTRIS, par le *mérite* (*lux*).

NOBILIS, par la *naissance* (*nosco,* connaître).

CELEBER, par les *relations,* les fréquentations.

INCLYTUS, par la *louange publique* (du grec κλύω, entendre).

INSIGNIS, par un *signe* qui distingue de la foule (*signum*).

EGREGIUS, même sens (*e grege,* il sort du vil troupeau).

---

1. *Super.*
2. *Rapere,* enlever.
3. *Properare, festinare,* se hâter.
4. *Apere,* lier, unir.

Subtil, pénétrant.

Sagax, qui *trouve* la vérité.
Perspicax, qui la saisit *vite* (*aspicere*, voir ; *per*, à tra-
vers).
Acutus, qui la saisit *jusqu'au fond* (*acuo*, aiguiser).
Subtilis, qui l'embrasse *dans ses détails*.

Tous.

Omnes, d'une manière générale.
Cuncti, tous, mais *tour à tour*.
Universi, tous *ensemble*.
Totus, tout *entier*.

Tranquille.

Tutus, qui est à *l'abri* du danger (*tueri*, protéger).
Securus, qui ne le *craint* pas (*sine cura*, sans souci).

§ 3. Pronom.

Autres.

Alii, *quelques autres*, pas tous.
Cæteri, *tous les autres*, sans énumération : *cet enfant
surpasse tous les autres*.
Reliqui, tous les autres, *après énumération :* les uns ont
fait ceci, d'autres ont fait cela, *les autres...* (*reliqui*,
de *relinquo?* ceux qui restent).

Celui-ci, Celui-là.

Is désigne un objet *absent*, dont on vient de parler : *ea
urbs*, ou un objet *indéterminé :* celui qui, *is qui.....*
Hic, un objet déterminé, *qui est à moi* (1ʳᵉ *personne*).
Iste, id. id. *qui est à toi* (parfois idée de
mépris).
Ille, id. id. *qui est à lui* (parfois idée de
louange).

Chacun.

Quisque, chacun *pris en particulier*.
Unusquisque, quivis, quilibet, *tous*, indistinctement.

Quelqu'un.

Quidam, quelqu'un de *déterminé*, qu'on connaît, *un quidam*.
Aliquis, quelqu'un *indéterminé*, qu'on ne connaît pas.
Quisquam et ullus remplacent *aliquis :*
1° Après une négation : *non videtur ars ulla esse....*
2° Après *vix, si, sine : sine ullâ ratione....*
3° Après une prohibition : que personne ne... *ne ullus*
4° Devant *alius : quisquam alius....*

§ 4. Verbe.

Aimer.

Amare, aimer par *instinct*, par *inclination*. — Amour *emporté*.
Diligere, aimer par *estime*, par *choix* (*legere*, choisir). — Amour *calme*.

Aller, Marcher.

Ire, d'une manière générale.
Gradi [1], marche *ferme* et *lente* (celle d'un athlète).
Incedere, marche *fière* (celle d'un roi).
Vadere, marche *rapide* ou *longue* (celle d'un conquérant).

Appeler.

Nominare, désigner une personne par son nom (*nomen*).
Appellare, ajouter à son nom une *qualification*, un *titre*.
Advocare, *faire venir* auprès de soi (*vocare ad*).

1. *Gradus*, pas.

Arriver.

Evenit, d'une manière générale.

Accidit, événement *malheureux* ou *inévitable* (cadere, tomber).

Contingit, événement *heureux* ou *volontaire* (tangere, toucher).

Bâtir, élever.

Ædificare (*ædes facere*), d'une manière générale.

Condere, bâtir des constructions *multiples* (une ville).

Ducere, bâtir des constructions *longues* (mur, rempart).

Moliri [1], bâtir des constructions *difficiles* (pyramide).

Struere, construere, bâtir *avec ordre,* parties par parties.

Brûler.

Dans le sens actif de *mettre en feu :*

Urere, *dessécher* par la chaleur.

Incendere, brûler par la chaleur, *tout l'objet* (in, cando, inus.).

Accendere, id. id. *une partie de l'objet.*

Inflammare, brûler *avec flammes.*

Cremare, réduire en *cendres.*

Dans le sens neutre d'*être brûlé :*

Ardere, se dessécher, résultat de *urere.*

Candere, être en feu, résultat d'*accendere.*

Flagrare, être en flammes, résultat d'*inflammare.*

Crepare, pétiller, résultat de *cremare.*

Cacher.

Abdere, condere, en *éloignant* des regards.

Occultare, en *couvrant* d'une enveloppe.

Celare, tenir caché, *ne pas dévoiler* (un secret).

1. *Moles,* masse, poids.

Cesser.

CESSARE, cesser d'agir *momentanément* (fréquentatif de *cedere*, s'en aller).
DESISTERE, cesser d'agir *pour toujours*.
DESINERE, *cesser d'être*.

Chercher.

QUÆRERE, questionner (*quæstio*), sur une chose *ignorée*.
SCRUTARI, chercher des objets *cachés*.
PERSEQUI, chercher des objets *égarés*, avec *activité*.
INVESTIGARE, id. id. avec *difficulté*, en suivant leurs traces (*in vestigiis*).

Combattre.

CERTARE, pour essayer ses forces.
PUGNARE[1], CONFLIGARE, pour terminer un différend *par la violence*.
DIMICARE, DIGLADIARI, id. id. *par les armes*.

Connaître, comprendre.

INTELLIGERE[2], saisir la vérité, *par l'intelligence*.
COMPREHENDERE, la saisir tout *entière*, comprendre.
COGNOSCERE[3], saisir un fait par *la mémoire*, connaître.

Craindre.

VERERI, craindre par *respect*. — Crainte *révérentielle*.
METUERE, craindre par *prudence* (c'est une qualité).
TIMERE, craindre par *lâcheté* (c'est un défaut).
FORMIDARE, PAVERE, éprouver une crainte si *vive* qu'elle trouble l'esprit.

---

1. *Pugnus*, poing.
2. *Inter, legere.*
3. *Cum, nosco.*

Croire.

CREDERE , se confier, avoir confiance au *témoignage d'autrui*.

OPINARI, croire d'après les *conjectures*.

PUTARE, croire d'après la *discussion des motifs*.

ARBITRARI[1], croire d'après l'*inspiration de sa conscience*.

SENTIRE, croire d'une manière *durable*, avoir une *opinion arrêtée sur*...

CENSERE, opinion qui se formule en un *avis ;* j'opine que...

Déchirer.

LANIARE, presque toujours déchirer des corps d'êtres *vivants*.

LACERARE, déchirer tout autre objet.

Demander.

PETERE, en général, signifie *aborder* quelqu'un ; — par extension, lui *demander* quelque chose.

ROGARE, comme *petere*, demander d'une manière générale, (plus fort que *petere*).

ORARE, demander par voie de *prière* (*os*, bouche).

IMPLORARE,   id.   avec *larmes* (*ploro*).

POSCERE et son diminutif POSTULARE, demander par voie de *commandement*.

FLAGITARE, demander avec *instances*, solliciter (*flagrare* brûler).

Désirer, vouloir.

VELLE, CUPERE (plus fort), désirer *intérieurement*.

OPTARE, EXPETERE (plus fort), manifester *extérieurement* son désir par la *prière*.

GESTIRE, le manifester par des *signes d'impatience*.

DESIDERARE, REQUIRERE, *rechercher* un objet que l'on a déjà possédé.

1. *Arbiter,* juge.

Détruire.

EXSTINGUERE, détruire ce qui a la *vie*.

DESTRUERE, ce qui est construit avec *art* (*struere*, édifier, *de* privatif.)

DEMOLIRE, ce qui est *solidement* établi (*moles*, masse).

EXSCINDERE, détruire *d'un seul coup*.

EXCIDERE, à coups *redoublés* (*cœdere*, frapper).

ABOLERE[1], empêcher de grandir.

Donner.

DARE, d'une manière générale.

DEDERE, donner *tout entier*, livrer.

TRADERE[2], même sens, mais en livrant l'objet de *main à main*.

DONARE, offrir en *présent*, en *cadeau* (donum).

LARGIRI[3], id. id. avec une *grande générosité* (largus, large).

Emmener.

EDUCERE, faire *sortir* de...

ABDUCERE, éloigner *sans violence*.

ABIGERE[4], éloigner, avec violence, en *poussant devant soi*.

ABSTRAHERE, id. id. en *traînant après soi*.

ABRIPERE[5], id. id. en *emportant rapidement*.

Faire.

FACERE, quand l'action *produit un objet matériel* (facere librum, fœdus).

1. *Ab*, privatif, *alere*, nourrir.
2. *Trans, dare.*
3. Largesses.
4. *Ab, ago.*
5. *Ab, rapere*, enlever.

AGERE, quand l'action *ne produit aucun objet matériel :* *agere bellum,* faire la guerre ; — *agere vitam,* passer sa vie.

GERERE, *porter,* se dit d'une action fatigante, des charges publiques.

Finir.

FINIRE, établir une limite (*finis,* fin).
ABSOLVERE, achever pour *être quitte d'une chose pénible.*
PERFICERE, achever pour *rendre une chose complète.*
CONFICERE, terminer *avec peine.*

Frapper.

Si on considère le coup :
ICERE OU FERIRE, *un seul coup.*
VERBERARE [1], à *coups redoublés.*

Si on considère l'instrument :
CÆDERE, avec un instrument qui *coupe* (épée).
PULSARE, id. qui *rebondit* (fouet).
TUNDERE, id. qui *écrase* (massue).
CUDERE, signifie *mettre une empreinte* (monnaie).

Ignorer.

NESCIRE, ne *rien* connaître.
IGNORARE [2], connaître *imparfaitement.*

Luire.

LUCERE, jeter une lumière *quelconque.*
NITERE [3] se dit d'une lumière *obtenue à force de soins* (épée).
SPLENDERE id. *grandiose* (soleil).
FULGERE [4] id. *éblouissante* (éclair).

---

1. Racine *ferire ; fer* devient *ver,* qui, se redoublant, devient *verver* ou *verber.*
2. *In gnarus.*
3. *Nitor,* s'efforcer.
4. *Fulgur,* foudre.

Rutilare [1] se dit d'une lumière *rougeâtre* (feu).
Radiare   id.   *rayonnante* (pierreries).
Micare [2], Coruscare   id.   *scintillante* (étoiles).

Montrer.

Monstrare (fréquentatif de *monere*), faire connaître.
Declarare (*rem claram facere*), faire *bien* connaître.
Ostendere (*ob tendere*, présenter), faire voir *en mettant sous les yeux*.
Significare (*signum*, *facere*), faire deviner *par un signe*.

Observer, remarquer.

Animadvertere (*vertere animam ad*), attention *simple*.
Attendere, attention *plus intense, plus tendue* (*tendere*).
Observare, attention *prolongée* (*servare*, faire durer).
Perspicere, attention *qui saisit les détails*.

Permettre, endurer.

Tolerare, supporter une chose *avec force d'âme*.
Perferre,   id.   id.   *jusqu'au bout.* -
Pati, perpeti (plus fort), supporter *par soumission* une chose *désagréable*.
Sinere, *laisser faire* ce qu'on pourrait empêcher.

Porter.

Ferre, d'une manière générale.
Portare, porter un objet *lourd*, accidentellement.
Bajulare [3],   id.   id.   *habituellement* (par métier).
Gerere ou gestare [4] (*plus fort*), porter à un *endroit désigné*.

Prendre.

Prehendere, l'action de saisir *avec la main*.

---

1. *Rutilus*, rouge.
2. *Mica*, parcelle.
3. *Bajulus*, porte-faix.
4. Fréquentatif de *gerere*.

CAPERE, l'action de s'approprier des choses *défendues*.
SUMERE, id. id. *permises*.
RAPERE, id. id. *violemment*.

Raconter.

MEMORARE (*memor*, se souvient), rappeler *brièvement* un fait.
NARRARE (*narus* pour *gnarus*), le raconter *tout au long*.
REFERRE, en *rendre compte* par mission (*rapport*).

Réfléchir, penser.

COGITARE [1], naturellement, *sans volonté de s'appliquer*.
  Avec volonté de s'appliquer à une chose, on dit :
REPUTARE, pour la *connaître*.
MEDITARI, pour *l'approfondir*.
FINGERE, pour la *créer*, par l'imagination.

Se réjouir.

GAUDERE, joie *intérieure* de l'âme.
LÆTARI, joie vive, *manifestée* à l'extérieur.
EXSULTARE [2] joie *bruyante*.

Surpasser.

PRÆSTARE (*stare*), surpasser *par le mérite*.
SUPERARE, surpasser par *la force*, en *dominant*.
VINCERE, id. id. en *repoussant*.

Se taire.

SILERE, ne faire aucun bruit.
TACERE, ne prononcer aucune parole.

Tomber.

CADERE, d'une manière générale.

1 *Agitare cum*, agiter avec soi, dans son esprit.
2. *Ex saltare*, bondir.

LABI, tomber d'une chute *douce, lente*.

RUERE, tomber d'un chute *violente, rapide*.

PRÆCIPITARE (*præ caput*, tête en avant), tomber dans un *abîme*.

Tromper.

FALLERE, donner une fausse *idée*.

FRUSTRARI, donner une fausse *espérance*, frustrer.

DECIPERE[1], tromper avec mauvaise foi, par des moyens *improvisés*.

CIRCUMVENIRE[2],   id.   id.   par des moyens *prémédités*.

Trouver.

Sans effort :

INVENIRE (*venire in*, arriver sur), d'une manière générale.

OFFENDERE, trouver *avec étonnement* (*ob*, *fendere*, pousser).

NANCISCI, trouver par *hasard*.

Avec effort :

DEPREHENDERE (*prehendo*, saisir), trouver un objet qui *fuit*.

REPERIRE (*aperio*, découvrir), trouver un objet *caché*.

ASSEQUI, *atteindre un but*, poursuivre.

Voir.

VIDERE, avoir sous les yeux, d'une manière générale.

ASPICERE, voir *clairement,* — distinguer.

CERNERE, distinguer *avec détails,* — discerner.

VISERE, regarder *avec plaisir*.

SPECTARE, regarder *avec attention* (*tueri*, même sens, poétique).

---

1. De *capere*, prendre.
2. Envelopper de piéges, *circum*.

§ 3. Adverbe.

Aussitôt.

STATIM [1], ILLICO [2], EXTEMPLO [3], sans *quitter la place.*
CONTINUO [4] (*continuus*, non interrompu), sans *mettre d'intervalle.*
CONFESTIM (*cum festinatione*, hâte), *avec empressement.*
SUBITO, REPENTE, subitement, *sans préparation.*

Bien.

BENÈ, parce que c'est *digne d'éloges* (*bonus*).
RECTE, parce que c'est *conforme à la règle* (*regere*, *regula*).

Enfin.

DEMUM, quand la chose a été *longtemps attendue.*
TANDEM, quand la chose a été *longtemps désirée.*
DENIQUE, avant le dernier terme d'une *énumération.*

Ensuite.

Pour indiquer 5 choses qui se suivent, on emploie les
mots suivants, dans l'ordre où ils se trouvent : *primùm, deinde, tùm, posteà, denique.*

Non, ne pas.

NON, pour nier d'une manière générale.
HAUD, nie *plus fortement* que *non.*
NE, pour *empêcher.*

REMARQUE : *Haud* était très-employé dans le vieux latin. Dans
la prose du grand siècle, il tombe en désuétude et, sauf chez Tite
Live, ne se maintient que dans le style familier. Cicéron et César
ne l'emploient que dans la formule : *haud scio an.*

1. *Stare*, sans bouger de place.
2. *In loco*, dans le même lieu.
3. *Templum* était l'endroit d'où l'on observait les augures, *contemplari*. — Au
sortir de cet endroit on prenait *sans tarder* ses résolutions, d'où *extemplo*, immédiatement.
4. *Cum teneo.*

Ne avait primitivement le sens de *non*. Il est resté 1° dans les phrases prohibitives : *impedire ne...* 2° avant *quidem*. 3° dans les mots composés : *neuter* (*ne uter*) ; *nullus* (*ne ullus*) ; *nescio* (*ne scio*) ; *negotium* (*ne otium*) ; *negligere* (*ne legere*, choisir).

Par hasard.

FORTÈ [1], la chose n'a pas été *méditée, calculée.*
FORTUITO [2], TEMERE [3], elle n'a même pas été *prévue.*

Peut-être.

FORTASSE, expose le doute (ne pas le confondre avec
    forte).
FORSAN [4], un doute *plus grand.*
FORSITAN [5], un doute *très-grand.*

Plus.

MAGIS, supérieur en *qualité : magis pius.*
AMPLIUS [6], supérieur en *durée : amplius triennis,* plus de
    3 ans.
PLUS, supérieur en *nombre : plus decem,* plus de dix.

Quelquefois.

ALIQUANDO, assez rarement.
INTERDUM, plus souvent (*inter dum*).
NONNUNQUAM, plus souvent encore, (*non nunquam,* non
    jamais).
SUBINDE, plusieurs fois de suite (*jamais dans Cicéron*).
ALIQUOTIES, un nombre de fois à peu près déterminé.

Récemment.

MODO, temps *peu éloigné.*
NUPER, temps *plus éloigné.*

---

1. Ablatif de *fors.*
2. *Fortuitus,* imprévu.
3. Téméraire, qui ne prévoit pas.
4. *Fors, an.*
5. *Fors sit an.*
6. Compar. de *ample,* longuement.

§ 6. Conjonction.

Ainsi que, de même que.

QUEMADMODUM[1], unit deux *substantifs* ou deux *verbes*.
SICUT, unit deux *adjectifs* ou deux *participes*.

Lorsque.

QUANDO, marque l'époque *précise*.
QUUM, marque l'époque *approximative*.

Mais.

SED, AT, lient des choses *contraires : non odium sed amor.*

AUTEM, VERO, lient des choses *analogues : Homero par est Virgilius, Lucanum verò superat,* Virgile égale Homère, mais il surpasse Lucain.

Ou.

AUT indique plutôt la différence des *choses : Græci aut Romani.*

VEL[2], SIVE, la différence des *expressions : Romani, vel potiùs Latini,* les Romains ou, pour mieux dire, les Latins.

Pourquoi.

CUR, interrogation qui *n'attend pas* de réponse.
QUARE[3], interrogation qui *attend* une réponse.

Quoique.

ETSI[4], QUANQUAM, QUAMVIS[5], devant un *membre de phrase.*

LICET[6], souvent devant un *mot :* César quoique Romain, *licet Romanus.*

1. *Ad quem modum,* de cette manière.
2. Pour *velis,* comme vous voulez.
3. *Qua re.*
4. *Même si.*
5. *Res quam vis,* la chose que vous voulez.
6. Il est permis.

Déjà nous avons dit combien, pour écrire en latin, il importe de connaître la véritable valeur des mots, et combien une simple substitution de mots réputés synonymes peut altérer le sens d'une pensée. Nous allons en fournir un exemple.

On a donné à un élève le thème suivant :

Alexandre fut *roi* de Macédoine. Déjà dès son *enfance,* il parlait de la gloire *avec joie.* — Plein de *respect* pour son père, *toute* sa vie, il eut sous les yeux son *image.* Or, il *arriva* que Philippe *mourut* de mort violente; Alexandre *regretta* vivement sa *mort.* — On peut dire que *ce* prince valeureux fut le vrai *fondateur* de sa patrie et la *gloire* de son *peuple.* — *Enflammé* d'une ardeur belliqueuse, il *appela* près de lui les *vieux* soldats de son père, enrôla deux *armées* et *fier* de sa puissance, il *marcha* rapidement contre ses *ennemis.* Il les *défit, emporta* leurs forteresses, et *subjugua* successivement *tous* les peuples de l'Asie. — Sa *mort* fut la *perte* de la Macédoine. — Il avait été un bon roi et un grand *homme.*

Nous allons mettre deux traductions en présence; à gauche, celle d'un élève qui ne connaît rien aux synonymes; à droite, la traduction vraie.

Macedoniæ *tyrannus* fuit Alexander. Ab *infantiâ* jam de gloriâ loquebatur *hilaris.*	Macedoniæ *rex* fuit Alexander. A *pueritiâ* jam de gloriâ loquebatur *lætus.*
Pro patre *pudore* plenus, *omnem* per vitam illius *effigiem* sub oculis habuit.	In patrem *pietate* plenus, *totam* per vitam illius *imaginem* sub oculis habuit.
Contigit verò ut per vim *mentem* amiserit Philippus, cujus *obitum* Alexander valdè *desideravit.*	*Accidit* verò ut per vim *animum* amiserit Philippus, cujus *necem* Alexander *summo dolori habuit.*
Dici potest *istum* principem patriæ fuisse *patrem plebisque* suæ *famam.*	Dici potest *illum* principem patriæ fuisse *parentem gentisque* suæ *decus.*
Belli studio *crematus* juxtà se *antiquos* patris commilitones *nuncupavit, geminas acies* con-	Belli studio *incensus* ad se *veteres* patris commilitones *accersivit, duos exercitus* conscripsit,

scripsit, et vi *ferus*, contra *ini-micos* celeriter *gressus est.*

Eos *destruxit*, eorum castella *abstulit*, et vicissim **universos** Asiæ populos *permulsit.*

Alexandri *nex* fuit Macedoniæ *damnum.*

Rectus fuerat princeps et magnus *homo.*

et vi *ferox* contra *hostes* celeri-ter *profectus est.*

Eos *vicit*, eorum castella *expu-gnavit*, et vicissim *cunctos* Asiæ populos *domuit.*

Alexandri *mors* fuit Mace-doniæ *pernicies.*

Bonus fuerat princeps et magnus *vir.*

Or, voici le sens de la traduction de l'élève, en prenant les mots dans leur sens *littéral :*

Alexandre fut un roi *usurpateur*[1] de Macédoine. — Il ne savait pas encore *parler*[2] que déjà il parlait de la gloire *en riant*. — Plein de *timidité*[3] devant son père, durant *chaque*[4] vie, il eut sous les yeux son *portrait*[5]. — Or, il arriva par *bonheur*[6] que, victime de la violence, Philippe perdit la *raison*[7], Alexandre *désira*[8] vivement cette mort *natu-relle*[9]. — Ce prince *méprisable*[10] peut être appelé le *père*[11] de sa patrie et la *réputation*[12] de la *plèbe*[13]. — Réduit en *cendres*[14] par l'amour de la guerre, il donna près de lui des *noms*[15] aux vieux soldats de son père *déjà morts*[16], il enrôla *deux à deux*[17] des armées *rangées en bataille*[18], et *féroce*[19] parce qu'il était puissant, il *marcha lentement*[20] avec rapi-

1. *Tyrannus* était un roi qui s'était emparé d'un État *libre*, plus tard on y ajouta l'idée de *cruauté*.
2. *Infans*, de *in fari*, ne pas parler.
3. Ou *réserve*.
4. *Omnis* a rarement le sens de *totus*, il considère *séparément* les objets.
5. *Effigies*, c'est l'image reproduite par l'*art*.
6. Sens de *contingit*.
7. Voir *synon.* : *anima*.
8. *Desiderare* c'est regretter une chose *désirée*.
9. Voir *synon.* : *mors*.
10. *Iste* indique mépris.
11. Voir *synon.* : *parens*.
12. Sens propre de *fama*.
13. Voir *synon.* : *peuple*.
14. Voir *synon.* : *brûler*.
15. Voir *synon.* : *appeler*.
16. *Antiquos* signifie *anciens*, qui ne sont plus, voir *synon.* : *ancien*.
17. Voir *synon.* : *deux*.
18. Voir *synon.* : *armée*.
19. Voir *synon.* : *cruel*.
20. Voir *synon.* : *aller*.

dité contre des *ennemis personnels*[1]. — Il les *débâtit*[2], il *emporta avec lui*[3] leurs forteresses, et il *apaisa*[4] les peuples de l'Asie tous *ensemble*[5] successivement. — Le *meurtre*[6] d'Alexandre fut une *perte*[7] pour la Macédoine. — Il avait été un prince *ami de la loi*[8] et un homme de *haute taille*[9].

Voilà comment l'ignorance des synonymes latins travestit un texte, jusqu'à en faire un tissu d'incohérences et d'absurdités.

CHAPITRE III

ÉLÉGANCE DES MOTS.

Pris dans son acception la plus générale, le mot *élégance* signifie le bon *choix* des termes (*eligere*, choisir). Sans doute, en Latin, comme dans toute autre langue, la qualité fondamentale du style, c'est la correction grammaticale, et la propriété des mots n'est elle-même qu'une correction plus délicate et plus étendue.

Mais un style qui se contenterait d'être correct manquerait d'une qualité essentielle. Il ne lui suffit pas de ne pas offenser, il doit *plaire;* or, un des grands moyens de plaire, c'est l'emploi des mots élégants.

Avant d'aborder l'étude de cette question, nous allons indiquer brièvement quelques mots, que l'usage plutôt que leur valeur propre a fait considérer comme élégants.

1. Voir *synon.* : *ennemi.*
2. *Destruere,* défaire une construction.
3. Sens d'*auferre.*
4. Subjuguer par la *douceur.*
5. Voir *synon.* : *tous.*
6. Voir *synon.* : *mort.*
7. *Damnum,* chose perdue.
8. Voir *synon.* : *bon.*
9. Il faut *vir* pour modifier le sens de *magnus.*

§ 1. Nom.

Déjà, à l'article de la précision, nous avons signalé l'existence des mots *vagues* dans la langue latine, nous ajoutons ici qu'ils sont parfois plus élégants que les mots plus précis. Ex. : *vis romana*, les armes romaines. — *Potiri rerum*, s'emparer du pouvoir suprême. — *In te mea cura*, mon amitié pour toi.

Les noms *abstraits* dont nous avons également parlé, au point de vue de la correction, sont aussi, dans certaines circonstances, avantageusement remplacés par les mots *concrets;* principalement :

1° Pour exprimer les noms d'AGE : dès son enfance, *a puero* (*dès lui enfant*); il mourut dans la vieillesse, *mortuus est senex.*

2° Avec les noms de CHARGES accompagnés de l'idée de *temps :* sous le consulat de T et de B, se traduit par : *T et B Coss* (abréviation de *consulibus*).

3° Avec les noms COLLECTIFS : la jeunesse est volage, se traduit mieux par *leves sunt juvenes,* les jeunes gens sont volages.

§ 2. Adjectif.

Quisque pour *omnes* — avec les adjectifs d'ordre : tous les cinq ans, *quinto quoque anno;* — avec le superlatif : tous les plus riches, *quisque ditissimus.*

Alter pour *secundus :* il est arrivé le second, *advenit alter.*

Nescio quot pour *aliquot : viri nescio quot occisi sunt.*

§ 3. Pronom.

Idem est parfois plus élégant que *ille :* César était guerrier; il attaqua la Gaule. — *Cæsar erat bellator;* IDEM *in Galliam invasit.*

Nec quisquam pour *et nullus :* nous les attendions tous

et aucun n'est venu; *omnes exspectabamus, nec quisquam advenit.*

Quidquid pour *omne quod :* j'approuve tout ce que vous avez fait : *quidquid fecisti probo.*

§ 4. Verbe.

Le verbe qui se rapporte à la question *unde*, se met élégamment pour celui de la question *quò :* Hercule s'en alla dans l'Olympe; *ad Olympum abiit Hercules,* pour *Olympum adiit.*

Haud scio pour *nescio : haud scio an venturus sit.*

Juvat, delectat, pour *amo : me legere juvat* pour *amo legere.*

Patior pour *permitto : te abire patior.*

Fugit, fallit, pour *ignoro : ea res me fugit.*

Nego pour *dico non :* je dis que cela n'est pas : *hoc esse nego.*

Monere pour *dicere :* je lui ai dit de travailler; *ut laboraret eum monui.*

Le verbe *esse* est avantageusement remplacé, — par HABERI s'il s'agit d'une qualité reconnue : il est prudent, *prudens habetur,* — par VERSARI s'il s'agit d'une situation habituelle : être dans le malheur, *in malis versari; nobiscum versatur,* il est (*habituellement*) avec nous.

§ 5. Adverbe.

Préférez *quid quòd*[1] à *praetereà,* — *contrà* à *econtrariò,* — *modò* à *paulò antè,* — *mox* à *paulò post,* — *jam nunc* à *jam ex hoc tempore,* — *tùm* à *tunc,* — *quasi* à *velut.*

§ 6. Préposition.

Une préposition se met pour une autre, dans certaines circonstances :

1. Sous-entendu *dicam,* dirai-je encore que...

In pour *contra* : marcher contre l'Espagne, *in Hispanos incedere.*

In pour *inter* : compter parmi ses amis, *in amicis tenere.*

Ob pour *ante* : placer devant les yeux, *ob oculos ponere.*

Apud pour *in* : on lit dans Cicéron, *apud Ciceronem legitur.*

Post pour *ab* : depuis Cicéron, *post Ciceronem.*

Propter pour *prope* : près du temple, *propter ædem.*

§ 7. Conjonction.

Dum, tant que, préférable à *donec* ou *quamdiu.*

Nisi pour *quàm* après *aliud* : *nihil aliud fecit nisi...*

Neque pour *et non.*

Au lieu de *et* on emploie élégamment :

Ac 1° devant certaines consonnes P, B, F, M : *ac primùm.*

2° pour relier des mots assez longs : *honestè ac splendidè.*

Atque devant les voyelles : *atque ego...*

Que — après les pronoms : *nobisque* — les mots indéclinables : *contràque* — les monosyllabes : *virque* — les adjectifs indéfinis : *omnisque.*

Mais c'en est assez de cette nomenclature que pourront consulter avec fruit les élèves des classes de grammaire.

Paulò majora canamus, haussons un peu la voix. Nous voudrions maintenant nous adresser à la jeunesse intelligente des classes supérieures, et l'élever au-dessus du terre à terre où gisent, à côté de leur grammaire, les jeunes gens qui se contentent d'être corrects sans songer à mieux, sans chercher le secret de charmer le lecteur.

Encore une fois, ce secret c'est l'heureux choix des mots. Nous distinguons trois espèces de mots élégants ou bien choisis, les mots NOBLES, les mots DÉLICATS, les mots EX-PRESSIFS.

ARTICLE PREMIER

Les mots nobles.

Nous appelons ainsi tout mot qui par lui-même relève, embellit l'objet qu'il représente. *Onde, courroux*, sont plus nobles que *eau, colère*.

Chez la plupart des peuples, il y a pour ainsi dire trois langues : la langue VULGAIRE, la langue NOBLE, la langue TRÈS-NOBLE ou POÉTIQUE. Prenons dans notre vocabulaire français quelques exemples de mots, représentant le même objet sous les trois formes indiquées :

VULGAIRE	NOBLE	POÉTIQUE
ventre	*sein*	*flanc*
épée	*glaive*	*fer*
mariage	*union*	*hymen*
décès	*mort*	*trépas.*

De même en latin :

mors	*letum*	*funus*
aqua	*unda*	*lympha*
mare	*æquor*	*pontus.*

Faisons ici trois remarques :

Première remarque.

Ces distinctions sont souvent arbitraires et de pure convention. C'est ce que répondait Voltaire à Frédéric de Prusse, qui lui demandait des règles pour discerner les mots de la prose d'avec ceux de la poésie. Et en effet, en quoi le mot *glaive* (du mot latin *gladius*), est-il supérieur au mot *épée* (du mot italien *spada*, qui a donné *spadassin*), et inférieur au mot *fer*, terme vague et général ? — *Æquor*, mer, d'*æquus*, uni ; *letum*, mort, de l'inusité *leo*, effacer,

font image, et à ce titre, sont plus beaux que leurs correspondants poétiques *pontus* et *funus*.

Deuxième remarque.

Le Latin ayant plus de synonymes que notre langue française, est plus riche qu'elle de ces distinctions de termes.
Le Grec a le même avantage; un critique alexandrin avait
traduit en prose grecque l'*Iliade* d'Homère, avec des mots
presque toujours différents.

Notre langue, même noble, même poétique, ne présente
parfois que des termes tout ordinaires. Lamothe l'a prouvé
en traduisant en prose commune, avec l'emploi des mêmes
mots, la première scène de Mithridate :   .

> *On nous faisait, Arbate, un fidèle rapport.*
> *Rome en effet triomphe et Mithridate est mort.*
> *Les Romains vers l'Euphrate ont attaqué mon père*
> *Et trompé dans la nuit sa prudence ordinaire.*

Enlevez la coupe et les rimes, c'est de la prose, sans qu'il
soit besoin de changer un seul terme. Il faut arriver au
13ᵉ vers pour trouver le mot *trépas*, qui est poétique, et
l'expression plus poétique encore, « *acheter le débris.* »

Et maintenant, que l'on mette en prose les premiers
vers latins venus, la distinction des termes sautera aux
yeux.

> *Tityre, tu patulæ recubans sub tegmine fagi*
> *Sylvestrem tenui musam meditaris avenâ.*

Tityre, assis sous l'ombrage d'un large hêtre, tu essaies un air
champêtre sur ton léger chalumeau,

La prose aurait dit peut-être :

> *Tityre, tu patentis recumbens sub tegumento fagi*
> *Rusticum tenui modum efficis calamo.*

On le voit, les Latins ont bien deux langues, la langue
vulgaire et la langue noble, beaucoup plus distinctes que
chez les Français, dont la langue noble est moins abondante et moins riche.

Troisième remarque.

En dépit de sa pauvreté, notre langue est plus suscep-
tible, plus dédaigneuse que la langue latine. Quoique plus
riche en mots relevés, celle-ci n'exclut pas même de son
langage élégant les mots vulgaires, les noms usuels des objets : *equus*, cheval ; *cibus*, nourriture ; *canis*, chien ; *vacca*,
vache. Virgile, lui-même, emploie tous ces mots ; parfois
il ose appeler les choses par leur nom populaire.

C'est ce que ne veut pas la poésie française, les noms
usuels lui font peur. Elle n'accueille le *cheval* que sous le
nom embelli de *coursier*. Un vieux poëte avait dit :

> *Il donne la* viande *aux petits passereaux*

Racine s'en est offensé, et a dit :

> *Aux petits des oiseaux il donne la* pâture.

Quand les synonymes poétiques font défaut, notre langue
relève le mot commun par une épithète :

> *Que des chiens* dévorants *se disputaient entre eux.*

ou bien elle appelle à son secours une périphase ; la *vache*
devient *celle dont les mamelles nourricières,* etc.

Si des mots sont proscrits, quand ils représentent des
objets nobles et précieux en eux-mêmes, que sera-ce quand
ils représentent des objets bas et grossiers ? Jamais, chez
nous, ils ne passeront dans le langage noble. Traduisant
Virgile, Delille dira :

> *Et d'une horrible toux les accès violents*
> *Etouffent* l'animal qui se nourrit de glands.

Le texte de Virgile était tout simplement : *quatit tussis
anhela* sues. Cicéron n'est pas plus scrupuleux quand il
dit : sus *Minervam docet.*

> *Le latin dans les mots brave l'honnêteté* (BOILEAU).

Ou du moins, partout et toujours, il parle sans scrupule,
ce que nous avons appelé la langue VULGAIRE.

Nous avons parlé de la langue NOBLE. Quand le sujet et la pensée le réclament, le Latin, sans dédaigner les mots usuels, ne laisse pas de hausser un peu le ton, et c'est à cette langue qu'il emprunte ses termes plus choisis.

Cette langue, quelle est-elle? Dix lignes de Cicéron nous l'apprendront mieux que tous les dictionnaires du monde. Ouvrons le *pro Milone* à l'endroit où l'orateur fait appel aux divinités témoins des crimes de Clodius :

« *Religiones mehercule* ipsæ, quæ illam *belluam* cadere vi-
» derunt, *commovisse* se videntur. Vos enim jam, Albani *tu-*
» *muli* atque luci vos, inquam, *imploro* atque testor, vosque
» *Albanorum obrutæ aræ, sacrorum* populi romani sociæ et
» æquales, quas ille præceps amentiâ, cæsis *prostratisque*
» *sanctissimis* lucis, *substructionum* insanis molibus oppres-
» sit... »

« Que dis-je? Les lieux sacrés eux-mêmes semblent s'être émus
» en voyant tomber ce monstre. Oui, c'est à vous, saintes collines,
» bois sacrés des Albains, c'est à vous que j'en appelle ; c'est vous
» que je prends à témoin, vous que le peuple romain a associés de
» tout temps à son culte, vous dont l'aveugle rage de ce Clodius a
» mutilé et saccagé les bosquets, pour vous écraser sous le poids
» de ses constructions insensées. »

Essayons de toucher à ce beau passage. Remplaçons *re-*
ligiones par *loci sacri, mehercule* par *quidem, belluam* par
feram, commovisse par *movisse, tumuli* par *colles, imploro*
par *rogo, obrutæ* par *versæ, sacrorum* par *religionis,* etc.
Quelle mutilation ! C'est le manteau royal de l'éloquence remplacé par l'habit bourgeois.

Remarquons ici que deux choses contribuent matériellement à la noblesse des mots. C'est tout d'abord l'AMPLEUR et la SONORITÉ des syllabes finales : *Albanorum obrutæ aræ,*
sacrorum, — puis la LONGUEUR même des mots : le Latin les allonge avec art, soit en introduisant le superlatif: *sanctissimis ;* soit en composant les mots avec une préposition : *pro-stratis, sub-structionum, op-pressit.*

La langue française n'ignore pas non plus cette beauté des longues syllabes et des longs mots : *celui qui règne dans les cieux, à qui seul appartient* la gloire, la MAJESTÉ, l'INDÉPENDANCE...

La langue noble a toujours droit de cité dans la prose, qui traite un sujet quelque peu élevé. Il n'en est pas de même de la langue que nous avons appelée TRÈS-NOBLE ou POÉTIQUE.

« *La poésie et la prose*[1] *sont deux mortelles ennemies,* » dit Ronsard. La poésie est chose divine, elle a un vocabulaire sacré, inviolable, auquel la prose, même la plus relevée, ne peut toucher, pour ainsi dire, sans sacrilége. Horace veut que l'on reconnaisse les *membres épars* (mots pris isolément) du poëte : *disjecti membra poetæ;* et Cicéron demande que la grande prose ait *presque* (pas entièrement), la diction des poëtes : *verba* PROPÈ *poetarum.*

Ces mots réservés sont plus ou moins nombreux. Très-nombreux dans la langue grecque, qui débuta par Homère, c'est-à-dire par le héros de la poésie, ils sont plus rares en latin ; plus encore dans le Français que sa précision a fait appeler la langue *philosophique.*

Déjà nous avons cité plusieurs mots poétiques latins : *funus* pour *mors; lympha* pour *unda; pontus* pour *mare,* etc., ajoutons :

ales pour *avis,* oiseau.	*polus* pour *cælum,* ciel.
cæsaries pour *coma,* chevelure.	*vates* pour *poeta,* poëte,
jubar pour *lumen,* lumière.	*soboles* pour *progenies,* race.
tellus pour *terra,* terre.	*ævum* pour *ætas,* âge.
æther pour *aer,* air.	*proles* pour *filius,* fils.

La forme poétique consiste parfois dans le changement

---

1. *Prorsa* ou *prosa oratio,* langage direct, non gêné par la mesure. Les latins l'appelaient *libre, oratio soluta,* et les Grecs *pédestre,* πεζὸς λόγος, par comparaison avec les gens de pied, qui marchent plus tranquillement et avec moins de bruit que les cavaliers.

de terminaison. — Beaucoup de noms en *mentum* ont reçu
la terminaison poétique *men*, qui va mieux au vers : *cona-
mentum, conamen*, effort; *levamentum, levamen*, consolation; *solamentum, solamen*, soulagement. —La terminaison *or* est parfois aussi poétique : *somnus, sopor*, sommeil;
sonitus, sonor, son.

Il y a des syncopes permises en prose : *amârunt* pour
amaverunt ; deûm pour *deorum ; ditior* pour *divitior*, plus
riche. D'autres sont exclusivement poétiques : *pericla* pour
pericula ; repostus pour *repositus ; extinxem* pour *extin-
xissem.*

Les siècles de décadence, violant ce sanctuaire réservé
des muses, ont fait descendre dans la prose la plupart des
termes poétiques, généralement respectés du grand siècle.
Tacite, Sénèque, Quintilien, Pline pèchent souvent par cet
emploi des termes poétiques ; ce sont des hardiesses que
les élèves doivent leur laisser.

ARTICLE SECOND

Les mots délicats.

« Quoiqu'on puisse dire des auteurs de la bonne latinité, que
» tout y est pur et élégant, il faut pourtant avouer qu'on y ren-
» contre en plusieurs endroits une certaine finesse d'élocution,
» qui se fait sentir et discerner à quiconque a du goût : comme
» dans un parterre rempli de belles fleurs, il y en a certaines
» d'une beauté exquise que les connaisseurs ne confondent pas
» avec celles qui sont plus communes. On s'aperçoit bientôt dans
» ceux qui composent en Latin, s'ils ont pris dans les anciens
» cette teinture d'une latinité fine et exquise. »

Ainsi parle Rollin.

Cette délicatesse porte sur le SENTIMENT ou sur la PENSÉE.

Un SENTIMENT est rendu par un mot délicat, quand ce mot
laisse deviner au cœur plus qu'il ne dit. *Quo nos amico* USI
SUMUS, dit Cicéron. *User* d'un ami, ce mot ne semble-t-il
pas exprimer tout ce qu'il y a de doux et de communicatif

dans le commerce de l'amitié? *Amicum habere* n'aurait pas cette délicatesse.

Pline dit à Trajan : *Soli omnium contigit tibi ut pater patriæ* ESSES, *antequam* FIERES, — vous êtes le seul à qui il est arrivé *d'être* père de la patrie avant de le *devenir*. Depuis longtemps il l'était par ses bienfaits, mais il en refusait le nom. Il l'accepta quand il crut l'avoir mérité, ce jour-là il parut devenir par le titre (*fieres*) ce qu'il était en réalité (*esses*).

A son tour une PENSÉE est rendue par un mot délicat, quand ce mot laisse deviner à l'esprit plus qu'il ne dit. Cicéron encore va nous servir de modèle.

Il est question dans son *de officiis* d'un certain Canius, qui est venu acheter une maison à Syracuse, et qui se fait jouer par un banquier de cette ville. Voici le début de sa narration :

« Canius, eques romanus *nec infacetus* et *satis littera-*
» *tus*... cùm *se* Syracusis *otiandi*, ut ipse dicere solebat,
» non *negotiandi* causâ, *contulisset*, *dictitabat* se *hortulos*
» *aliquos* velle emere, quò invitare amicos et ubi se oblec-
» tari sine interpellatoribus posset... Tùm Pythius qui
» esset, *ut argentarius*, apud omnes ordines gratiosus... »

« Canius, chevalier romain, homme agréable et de bon esprit,
» et qui n'était pas sans étude, étant allé à Syracuse, non pour
» affaire, mais pour ne rien faire, comme il avait accoutumé de
» dire, fit savoir qu'il serait bien aise d'acheter une maison de
» plaisance proche de la ville, pour y aller quelquefois se divertir
» avec ses amis et se dérober aux visites... Un certain Pythius
» qui par son commerce (il était banquier) s'était acquis toutes
» sortes de gens...»

Cette traduction de M. Dubois, dont Rollin vante complaisamment l'exactitude, ne nous paraît pas rendre toute la finesse du latin.

Remarquons d'abord ce *nec infacetus* qui fait regarder *eques romanus* non comme un titre, mais comme une qualité et un mérite dont Canius se targuait : *il était chevalier et homme de qualité*. « *C'était un chevalier, homme agréable* » ne reproduit pas cette nuance.

L'épithète elle-même *nec infacetus* n'est pas ordinaire : *facetus* signifie *plaisant, enjoué ;* ces deux négations, *nec* et *in*, qui se neutralisent (*qui n'est pas sans être enjoué*), présentent un euphémisme des plus délicats que néglige la traduction française. *Satis litteratus* donne lieu à la même observation, et il est mieux traduit.

« *Il était allé à Syracuse,* » dit M. Dubois; le latin fait entendre qu'il s'y était *transporté, se contulisset,* pour ainsi dire avec armes et bagages, résolu de s'y fixer. Pourquoi ce voyage? *otiandi non negotiandi*[1] *causâ;* ce jeu de mots n'échappe à personne, et le traducteur a essayé de le rendre.

Il fit savoir... Cicéron dit davantage avec son seul mot *dictitabat,* il faisait savoir *à tout venant,* comme un homme possédé tout entier de son idée... Ce fréquentatif est des plus fins, ainsi que le diminutif qui suit, *hortulos* pour *hortos.* Il cherchait une campagne bien agréable, bien gentille, choisie entre toutes, ce qu'exprime *aliquos,* oublié par le traducteur.

Pythius était un banquier qui, *comme tel, comme homme de finances, ut argentarius,* avait la main sur toutes sortes de gens. La traduction, «*par son commerce,* » ne nous paraît pas rendre la fine critique qui perce sous l'expression *ut argentarius.*

Ces observations ne sont point un blâme à l'adresse du traducteur; car il est plus facile de sentir cette délicatesse sous les mots latins, que de la faire passer dans les mots français : « ce qu'il y a de plus délicat dans les expressions des auteurs, dit le P. Bouhours, se perd quand on le veut mettre dans une autre langue, à peu près comme ces es-

____
1. *Nec* ou *non otiandi.*

sences exquises dont le parfum s'évapore, quand on le verse d'un vase dans un autre. »

On nous demandera maintenant où et comment on trouve les mots délicats. Autant vaudrait demander à un peintre où il trouve ces coups de pinceau qui font des chefs-d'œuvre, à un musicien où il trouve ces notes qui produisent de si beaux effets d'harmonie.

Il n'y a pas de livre, il n'y a pas de maître qui enseigne tout cela; le seul maître c'est le bon goût, c'est la sensibilité, c'est le génie.

Signalons pourtant deux ou trois espèces de mots délicats. Le passage de Cicéron que nous avons relevé, renferme des FRÉQUENTATIFS et des DIMINUTIFS.

On appelle FRÉQUENTATIFS des verbes qui, en modifiant leur terminaison, ajoutent à l'idée primitive une idée accessoire de *fréquence*, de *répétition*, dans l'action exprimée : *dictitare* (de *dicere*), redire, répéter.

Nous en avons en Français : *Clignoter, tirailler, criailler,* indiquent que l'on réitère l'action de *cligner*, de *tirer*, de *crier;* — on peut les traduire en latin en ajoutant *sæpiùs* au verbe simple.

Il y en a beaucoup plus dans la langue latine : *agitare* (agere); *rogitare* (rogare); *lectitare* (legere); *scriptitare* (scribere); *tractare* (trahere); *cursitare* (currere); *habitare* (habere), posséder longuement. — *Ad me scribas velim, vel potius* SCRIPTITES, dit Cicéron, je désire de toi une lettre ou mieux une CORRESPONDANCE SUIVIE.

On appelle DIMINUTIFS des mots qui, en modifiant leur terminaison, ajoutent à l'idée primitive une idée accessoire de FAIBLESSE : *muliercula*, faible femme; — de GENTILLESSE :

filiolus, enfant mignon; — mais plus souvent de PETI-
TESSE : *libellus*, petit livre.

Notre vieille langue avait des diminutifs en grand nombre. Quand le XVIIe siècle parla de les supprimer, Made-
moiselle de Gournay cria au meurtre de toute sa force, en
faveur de ses « *chers diminutifs*. » Elle n'empêcha point
qu'ils ne fussent peu à peu bannis. « *Notre langue*, dit le
» P. Bouhours, *aima mieux être pauvre que d'être riche en*
» *babioles et en colifichets*. » C'est faire lestement le sacrifice d'une ressource précieuse, dont nous sentons trop
souvent l'absence. Les diminutifs qui nous restent sont peu
nombreux : *maisonnette, chansonnette, noirâtre, trem-
blotter*, etc.

« *Les noms diminutifs*, dit Rollin, *ont une grande grâce*
» *dans le latin, et c'est un des endroits par où cette langue*
» *l'emporte beaucoup sur la nôtre*. » Il cite *saxulum*, petit
rocher; *nidulus*, petit nid; *homunculus*, petit homme. Il
rapporte ce mot de Pline sur le rossignol : *tanta vox tam
parvo in* CORPUSCULO, une si grande portée (ou étendue) de
voix dans un si petit corps.

On peut rattacher aux diminutifs, plusieurs adjectifs et
verbes, composés avec la préposition *sub*, dont le propre
est d'affaiblir la force des mots : *subagrestis*, légèrement
campagnard; *subdubitare*, avoir un petit doute.

ARTICLE TROISIÈME

Les mots expressifs.

Il ne suffit pas que les mots indiquent la pensée, il faut
qu'ils la METTENT EN RELIEF. Ils doivent représenter les
choses sous une forme si vive, si sensible, que le lecteur
s'imagine les avoir elles-mêmes sous les yeux. Des agneaux
paissent sur une colline; si au lieu de *pascuntur*, vous
mettez *pendent*, votre expression parle aux yeux; elle prend
vie, elle PEINT les objets au lieu de les montrer.

Le vrai style est une peinture, γραφή, disaient les Grecs. Par lui « *tout prend un corps, une âme, un esprit, un visage,* » comme parle Boileau ; et le mot qui peint, qui fait image, nous l'appelons EXPRESSIF.

Il y a deux sortes de mots expressifs : les uns conservent leur sens PROPRE, les autres prennent un sens FIGURÉ.

———

Les mots expressifs qui conservent leur sens PROPRE, sont ceux qui, pour faire ressortir la pensée, se substituent à d'autres termes plus faibles, pris aussi dans leur sens ordinaire.

En voici quelques exemples. Cicéron cite lui-même une expression d'un ancien poëte. Celui-ci avait dit :

Vive, Ulysses, dùm licet :
Oculis postremum lumen radiatum RAPE.

« Vis, Ulysse, aussi longtemps que le sort te le permet, » saisis le dernier rayon de lumière qui t'est laissé. » — Cicéron ajoute : « *non dixit* CAPE, *non* PETE, *sed* RAPE; empresse-toi d'en jouir.

Lui-même nous montre l'attitude suppliante d'un de ses clients : *jacet ad pedes.* Il est aux pieds de son juge, *jacet,* abattu par le repentir.

Jugurtham invidia *urget,* dit Salluste. Que dirait *prosequitur* à la place d'*urget,* qui nous montre l'envie s'acharnant sur Jugurtha comme sur une proie?

On connaît l'*incedo regina* de Virgile, je m'avance, je marche la reine des dieux. — *Festinare* pour *ire,* quand on veut marquer l'empressement, est une expression du même genre. — Notons encore *stare* pour *esse* indiquant la force ou la fierté. Cet homme est fier, *superbus exstat.* On le voit se dresser dans son orgueil.

Cicéron sème à pleines mains des expressions analogues que tout élève intelligent saisira de lui-même.

———

Mais ce sont surtout les mots FIGURÉS qui sont expressifs. On appelle ainsi certains mots détournés de leur signification ordinaire pour prendre une signification étrangère dite figurée, en vertu d'une comparaison qui se fait dans l'esprit. On dit *ignis iræ,* le feu de la colère, parce qu'on peut comparer la colère à une flamme qui dévore. On dit de même *flos juventutis,* la fleur de la jeunesse; *invidiæ venenum,* le poison de la jalousie. *Ignis, flos, venenum* perdent ici leur signification ordinaire pour prendre la signification figurée.

C'est de ces mots que Quintilien a dit : *vim rebus adjiciunt,* ils donnent aux choses plus de force. Il compare une composition littéraire à une statue *inerte,* les figures lui donnent l'*âme.*

Nous ne nous appesantirons point sur les diverses espèces de figures de mots, métaphore, métonymie, synecdoche, etc.

Plusieurs d'entre elles sont d'une telle hardiesse qu'elles semblent réservées à la poésie. Telle serait cette métonymie, qui donne le possesseur pour la chose possédée. Virgile dit : *Ardet Ucalegon, Ucalégon* est en feu, pour la *maison d'Ucalégon.* — Telle serait cette synecdoche, qui donne le tout pour la partie. Virgile dit encore : *Ararim Parthus bibet,* le Parthe boira la *Saône,* pour *l'eau de la Saône.* — De même certaines métaphores particulièrement fortes : *hasta bibit acta cruorem* (VIRG.), la flèche lancée boit le sang.

Mais on peut dire d'une manière générale que toutes les figures de mots sont autorisées dans la prose latine. Cicéron se plaît quelquefois à les accumuler pour ainsi dire sans mesure.

Voici la définition qu'il donne du sénat romain :

« *Templum* sanctitatis, amplitudinis, mentis, consilii publici, » *caput* urbis, *aram* sociorum, *portum* omnium gentium, *sedem* ab » universo populo romano concessam uni ordini... »

« *Le* TEMPLE *de la majesté, de la grandeur romaine, le sanc-*
» *tuaire de la sagesse, du conseil public,* LA TÊTE *de Rome,* L'ASILE
» *des alliés,* LE PORT *de toutes les nations,* LE TRÔNE *accordé par le*
» *peuple romain au seul ordre des sénateurs.* »

Qui ne connaît l'éloge des lettres dans le *Pro Archiâ* :

« At hæc studia adolescentiam *alunt,* senectutem *oblectant,*
» secundas res *ornant,* adversis *perfugium* et *solatium* præbent.
» *Delectant* domi, non impediunt foris. *Pernoctant* nobiscum, pere-
» *grinantur, rusticantur.* »

« *Elles* NOURRISSENT *la jeunesse;* elles CHARMENT *la vieillesse,*
» elles ORNENT *la prospérité, elles offrent à l'adversité un* REFUGE
» *et une* CONSOLATION. *Elles nous* RÉJOUISSENT *au foyer domesti-*
» *que, elles ne sont point un embarras au dehors. Avec nous elles*
» PROLONGENT LES VEILLES, VOYAGENT, SE PLAISENT A LA CAMPAGNE. »

Inutile de relever les figures de ces deux passages. Ce
sénat qui est le *temple* de la majesté romaine divinisée, la
tête... l'*autel...* l'*asile.* Plus loin ces lettres qui *veillent* avec
nous, qui comme nous *aiment* la solitude et la liberté des
champs, *rusticantur.* Tout cela est expressif et saisissant.

———

Donc, le mot latin, qu'il soit pris dans son sens propre
ou dans son sens figuré, doit peindre, faire image.

Rollin s'est amusé à mettre en style morne et incolore la
fable de Phèdre, LE LOUP ET LA GRUE, si vivante dans l'ori-
ginal. Voici cette fable :

> Os *devoratum* fauci cùm hæreret lupi,
> Magno dolore *victus* cæpit singulos
> *Illicere pretio,* ut illud extraheret *malum.*
> *Tandem* persuasa est jurejurándo gruis,
> Gulæque *credens* colli *longitudinem,*
> *Periculosam* fecit *medicinam* lupo.
> Pro quo cùm facto *flagitaret* præmium :
> *Ingrata es,* inquit, ore quæ *nostro* caput
> Incolume abstuleris, et mercedem postulas.

Voici la traduction littérale de cette fable :

« *Un os dévoré était resté attaché au gosier d'un loup : vaincu*
» *par la grande douleur, le loup se mit à allécher chacun des*
» *passants par l'espoir d'un salaire, pour obtenir qu'il lui enle-*

» *vât son mal. Enfin une grue se laissa persuader par ses ser-*
» *ments, et confiant à la gueule du patient la longueur de son*
» *cou, elle lui fit la périlleuse opération. Comme elle demandait*
» *pour cette action sa récompense : « tu es une ingrate, lui dit le*
» *loup, tu as pu retirer ta tête saine et sauve de notre gosier et tu*
» *demandes une récompense ? »*

Rollin travestit ainsi le texte de Phèdre :

« Cùm os hæreret in fauce lupi, is magno dolore *oppressus,*
» cæpit singulos animantes *rogare* ut sibi illud *os* extraheret. A
» cæteris *repulsam passus est* ; at gruis persuasa est illius jure-
» jurando, suumque *collum* lupi gulæ *inserens,* extraxit *os.* Pro
» quo facto cùm illa *peteret* præmium, *dixit* lupus : ingrata es,
» quæ ex ore *meo* caput abstuleris incolume, et mercedem pos-
» tulas. »

Quelle différence entre ces deux textes ! C'est une toile
de maître retouchée par un indigne barbouilleur.

Os DEVORÁTUM. Ce mot est bien propre, dit le célèbre critique, pour marquer l'action d'un loup affamé qui ne mange
pas, mais qui avale ou plutôt *dévore* avec avidité.

MAGNO DOLORE VICTUS. Le mot *victus* marque bien mieux
qu'*oppressus* le combat qui s'est livré entre sa férocité naturelle qui l'empêchait d'être suppliant, et son désir d'être
soulagé ; enfin celui-ci l'emporte, *victus.*

ILLICERE PRETIO. *Illicere* indique le fait d'attirer, d'allécher quelqu'un par l'appât d'une récompense.

UT ILLUD EXTRAHERET MALUM. *Malum* pour *os,* l'effet pour
la cause, c'est une métonymie des plus énergiques.

TANDEM. Rollin l'explique ainsi : « Ce mot dit beaucoup
» et fait entrevoir qu'un grand nombre d'autres animaux
» avaient déjà passé par l'antre du loup, mais n'avaient
» pas été si bêtes que la grue. » — Qu'on veuille bien comparer ce mot avec la traduction *a cæteris repulsam* (refus)
passus est, et on saisira du premier coup ce qu'est un mot
expressif.

GULÆQUE CREDENS COLLI LONGITUDINEM. *Collum* seul est
plat. *Collum longum* dit plus, mais ne présente pas d'i-
mage ; au lieu qu'en substituant le substantif à l'adjectif,

colli longitudinem, il semble que le mot s'allonge autant que le cou de la grue. Ce mot fait image. — *Gulæ inserens* ne fait pas ressortir la stupide crédulité de la grue, qu'indique le mot *credens.*

PERICULOSAM FECIT MEDICINAM LUPO. On pourrait dire simplement : *os extraxit è gulâ lupi;* mais *fecit medicinam* résume bien mieux l'opération, et l'épithète *periculosam* marque le risque auquel s'est exposé l'imprudent médecin.

FLAGITARET. Ce verbe signifie presser, solliciter avec instances; *peteret, postularet,* n'auraient pas la même force.

INGRATA ES, INQUIT. Cette manière est bien plus vive que si on disait : *dixit lupus : ingrata es...*

ORE NOSTRO. *Nostro* est meilleur que *meo.* Le loup se regarde comme un personnage important, qui eût fait à la grue, « *en la croquant, beaucoup d'honneur.* »

Cette étude a fait largement comprendre ce que nous entendons par mot *expressif.* Bien que ce travail de Rollin n'appartienne pas à la prose, nous l'avons cité comme une leçon et un modèle. Nous appliquerions la même méthode à n'importe quelle page de Cicéron, le grand peintre de la prose latine, que nous y trouverions les mêmes beautés à relever et à imiter.

DEUXIÈME PARTIE
LA TOURNURE LATINE

Nous n'avons considéré dans la première partie que les mots pris ISOLÉMENT, comme individus pour ainsi dire, indépendamment des lois auxquelles les soumet la société de leurs semblables : *liber*, livre ; *utor*, je me sers. Si je réunis ces deux mots, je dois connaître les conditions dans lesquelles peut s'opérer leur ALLIANCE : *je me sers de livres.* J'apprends que *de* disparaît et que le nom se met à l'ablatif : *utor libris.*

L'étude des règles qui régissent ces diverses ASSOCIATIONS de mots, les diverses TOURNURES qu'ils prennent en s'associant, tel est l'objet de cette seconde partie.

Mais ici encore il y a lieu de distinguer la CORRECTION, la PROPRIÉTÉ, l'ÉLÉGANCE des tournures.

CHAPITRE PREMIER.

CORRECTION DE LA TOURNURE LATINE.

La tournure latine sera CORRECTE, si elle est 1° GRAMMATICALE. 2° CLASSIQUE.

ARTICLE PREMIER

La tournure grammaticale.

La grammaire latine, outre la partie élémentaire qui enseigne la nature des neuf espèces de mots : nom, adjectif, etc., en contient une autre dite *syntaxe.*

Ce mot, d'origine grecque, signifie *ordonnance régulière* des mots. Les habitants de *Soles*, colonie grecque en Cilicie, avaient altéré la langue de la mère patrie ; du nom de leur ville, toute faute contre la syntaxe a été appelée *solécisme*.

Barbarisme et solécisme, deux écueils fertiles en naufrages !

> Mon esprit n'admet point un pompeux barbarisme,
> Ni d'un vers ampoulé l'orgueilleux solécisme ;
> Sans la langue en un mot l'auteur le plus divin
> Est toujours, quoi qu'il fasse, un mauvais écrivain. (BOILEAU).

Qu'y a-t-il à faire pour éviter les solécismes ? La raison et l'expérience repondent de concert : étudier la Grammaire, même en Rhétorique. « *Je ne crois pas*, dit Quintilien, *qu'en se livrant aux études littéraires, un jeune homme doive s'éloigner des études grammaticales. Il ne faut pas perdre de vue la grammaire.* DANS TOUTES LES CLASSES, *elle doit avoir son temps et ses heures.* »

Voici quelques-unes des règles qu'un élève des classes supérieures doit revoir plus fréquemment, parce qu'elles sont plus sujettes aux solécismes.

DITES :	NE DITES PAS :
Urbs *Roma*.	Urbs *Romæ*.
Peritus *musicæ*.	Peritus *musicá*.
Mirabile *visu*.	Mirabile *videri*.
Felicior quàm *prudentior*.	Felicior quàm *prudens*.
Magis pius quàm Petrus.	Magis pius *Petro*.
Majori virtute præditus.	*Magis* præditus virtute.
Validior manuum.	*Validissima* manuum.
Musica *me* juvat.	Musica *mihi* juvat.
Favemus *nobilitati*.	Favemus *nobilitatem*.
Minari mortem *alicui*.	Minari *morte aliquem*.
Hoc *te* rogo.	Hoc *tibi* rogo.
Haurire aquam *e* fonte.	Haurire aquam *a* fonte.
Ex tuis litteris cognovi.	Tuis litteris cognovi.
Petit *a rege*.	Petit *regi*.
Hoc *ad me* pertinet.	Hoc *mihi* pertinet.
Mœrore conficior.	A mœrore conficior.
Incipit me pœnitere culpæ.	*Incipio* pœnitere.
Eo *lusum*.	Eo *ludere*.
Vidi eum *ingredientem*.	Vidi eum *ingredi*.
Ne insultes miseris.	*Non* insultes miseris.
Habitat *Romæ*.	Habitat *Roma*.

DITES :	NE DITES PAS :
Eo *in* Galliam.	Eo Galliam.
Eo *ad* patrem.	Eo *apud* patrem.
Quo vadis.	*Ubi* vadis.
Ire obviam *alicui*.	Ire obviam *alicujus*.
Credo *te flere*.	Credo *ut fles*.
Spero te *venturum*.	Spero te *venire*.
Cave *ne*.	Cave *ut*.
Prohibere *ne* ou *quin*.	Prohibere *ut*.
Exspectare *dum*.	Exspectare *ut*.
Causa est *cur*.	Causa est *quòd*.
Nescio *an*.	Nescio *si*.
Nescio quis ego *sim* [1].	Nescio quis ego *sum*.
Quanti me existimas.	*Quantùm* me existimas.
Quantò præstat.	*Quantùm* præstat.
Parvi, magni æstimatur.	*Parùm, multùm* æstimatur.
Tot fructus *quot* flores.	Tot fructus *quàm* flores.
Quò melior fias.	*Ut* melior fias.
Superior, inferior *te (ablat.)*.	Superior, inferior *tibi*.
Venis*ne* (interrog.)?	*Ne* venis?
Vitæ tuæ metuebam.	*Pro vitâ tuâ* metuebam.
Alter (s'il s'agit de deux).	Alius.
Si quis, quando.	Si *aliquis, ali*quando.
Tune *an* ego ?	Tune *aut* ego ?
Nec, neque.	Et non.
Gladio ferire.	*Cum* gladio ferire.
Ne ego *quidem*.	Ne *quidem* ego.
Rectè facta.	*Recta* facta.
Quid *faciam* ?	Quid *facere*?

Il y a quelques points que nous recommandons plus ins-
tamment.

— I° Le genre des noms en OR.

Trois sont féminins : *arbor, soror, uxor*. — Quatre sont
neutres : *cor* (cœur), *marmor* (marbre), *æquor* (plaine),
ador (blé).

— II° L'emploi de *suus* [2] pour *ille*.

Il peut se réduire à la règle suivante : on emploie *suus*

1. Tous les mots interrogatifs *entre deux verbes*, veulent le second verbe
au subjonctif. Je sais *qui* vous êtes, *où* vous êtes, *combien* vous êtes, etc
Scio quis sis, ubi sis, quot sitis... Tout mot de ce genre est interrogatif quand
on peut introduire *quel* : je sais *quel* homme vous êtes, en *quel* lieu vous êtes,
quel nombre vous êtes.

2. L'emploi du pronom réfléchi *se* est soumis aux mêmes règles.

1° QUAND L'OBJET POSSESSEUR ET L'OBJET POSSÉDÉ SONT EN FRANÇAIS DANS LA MÊME PROPOSITION.

Une mère aime ses enfants : *suos*, parce que *mère*, l'objet qui possède, et *enfants* l'objet possédé, sont dans la même proposition.

J'ai rendu à César son épée : *suum ; César* et *épée* sont dans la même proposition.

2° QUAND L'OBJET POSSESSEUR EST SUJET D'UNE PROPOSITION PRINCIPALE, ET QUE L'OBJET POSSÉDÉ SE TROUVE DANS UNE PROPOSITION SUBORDONNÉE A CETTE PRINCIPALE [1].

Ex. : La mère vous prie | de pardonner à son fils : *mater* (possesseur) te orat | ut *filio* (possédé) parcas *suo*.

— III° L'EMPLOI DE L'INDICATIF OU DU SUBJONCTIF après les mots conjonctifs.

Conjonctions qui prennent l'INDICATIF :
Ut signifiant dès que, ou de même que.
Quandò, lorsque.
Dùm, tandis que. — Il est suivi du subjonctif devant l'imparfait, quand il représente un temps fort rapide : *dùm hæc gererentur,* au moment même où ces choses se faisaient; — *dùm hæc gerebantur*, indique la *durée*, durant tout le temps où ces choses se faisaient.
Postquàm, après que (le subjonctif indique le doute; quand l'action est faite, le doute n'est plus possible).
Si, signifiant lorsque : si je l'appelle, il s'en va, *si arcesso, abit.*
Etsi, quoique (subjonctif rare).

Conjonctions qui prennent le SUBJONCTIF.
Ut, signifiant au point que, afin que, de sorte que.
Quùm, signifiant puisque, ou remplaçant *si* : si on souffre, on se plaint, *quum doleas, ingemis.*

---

1. On emploie *ipse* toutes les fois que *suus* créerait une amphibologie.

Dùm, signifiant pourvu que.

Quamvis, licet, quoique.

Quasi, tanquàm, comme si.

Conjonctions qui prennent tantôt l'INDICATIF, tantôt le SUBJONCTIF.

Quùm, signifiant lorsque, veut l'indicatif, sauf devant l'imparfait et le plus-que-parfait, parce qu'avec ces deux temps il indique une idée de cause et se rapproche de *puisque.*

Quanquam, quoique, veut ordinairement l'indicatif.

Etiamsi, même si, veut ordinairement le subjonctif.

Quòd [1]*, quia,* parce que, veut le subjonctif, — 1° quand il exprime la pensée d'un autre : Aristide fut banni parce qu'il était trop juste (dans la pensée des Athéniens), *quòd nimis justus* ESSET ; — 2° Quand il dépend d'une proposition déjà subordonnée : il m'a dit | qu'il regrettait cette action, | parce qu'elle était coupable : *quia* ESSET *nefaria.*

Antequam, priusquam, avant que ; *si* conditionnel; *nisi* [2], à moins que, veulent le subjonctif, quand l'action est considérée comme *douteuse :* Avant que vous veniez, si vous venez, à moins que vous ne veniez; on dira *venis,* si l'on croit que vous viendrez, on dira *venias,* si l'on a doute.

Quand ces mots se trouvent devant un imparfait ou un plus-que-parfait : *Avant que vous vinssiez, avant que vous fussiez venu,* l'action est toujours considérée comme douteuse, et dès lors on emploie *toujours* le subjonctif.

Après les conjonctions, il nous resterait à dire un mot du *qui* relatif.

1. *Quòd* après les verbes s'*étonner,* se *réjouir,* etc., veut généralement l'indicatif. *Non quòd,* non pas que, suivi de *sed quòd,* veut le subjonctif. *Est quòd,* il y a lieu de, veut aussi le subjonctif. *Quòd si* suit la même règle que *si* employé seul.

2. *Si* suivi d'une négation se rend non par *nisi,* mais par *si non,* quand il ne peut pas se tourner par *à moins que :* je vous aimerai, si vous ne faites pas cela, *si id non feceris.*

Il veut toujours le subjonctif dans les cas suivants :

1° Quand il est mis pour *ut ille :* dignus est *qui* mercedem accipiat.

2° Quand il signifie *puisque :* heureuse mère d'avoir un tel fils, *o beatam matrem,* QUÆ *talem habeas filium !*

3° Quand il signifie *quoique : pater tuus* QUI *valido esset corporis habitu valdè ægrotabat,* votre père, QUOIQU'il fût d'un extérieur robuste, était souvent malade.

4° Après *reperies, videre est homines qui,* on trouve des hommes qui, — et après *sunt qui, non desunt qui,* on trouve des hommes qui, il ne manque pas d'hommes qui...

5° Après une proposition principale négative ou interrogative : *nullum est animal quod habeat — quis est qui habeat...?*

NOTA. — *Quicumque, quisquis, quotquot,* etc., prennent l'indicatif, surtout au présent et au futur, dans beaucoup de cas où le français emploie le subjonctif : qui que vous soyez, *quisquis es.*

— IV. LE CHOIX DES TEMPS DU SUBJONCTIF à employer.

La règle générale est fort simple : il suffit de voir à quel temps est le premier verbe, et quel temps exprime le second verbe par rapport au premier.

Après un PRÉSENT ou un FUTUR.	PRÉSENT du subj. pour exprimer le *présent* ou le *futur :* je suis heureux qu'il vienne, *veniat.*
	PARFAIT du subj. pour exprimer le *passé :* je suis heureux qu'il soit venu, *venerit.*
Après un PASSÉ ou un CONDITIONNEL.	IMPARFAIT pour exprimer le *présent* ou le *futur :* j'étais heureux qu'il vînt, *veniret.*
	PLUS-QUE-PARFAIT pour exprimer le *passé :* j'étais heureux qu'il fût venu, *venisset.*

Nota. — Après *quis* et le conditionnel, le présent est préféré à l'imparfait, *quis credat.* — Après *si*, le présent indique un doute moins grand que l'imparfait : *si veniat*, peut-être viendra-t-il? *Si veniret*, il ne viendra probablement pas.

———

On a annexé à la syntaxe l'énumération d'un certain nombre de GALLICISMES, ou tournures propres à la langue française, qu'aucune expression latine ne peut rendre correctement. Ces tournures sont même la source la plus abondante des solécismes.

J'aime Dieu, semblable à son père, je vais à Rome, tout cela se traduit par des mots latins qu'appellent les mots français eux-mêmes : *amo Deum, similis patri, eo Romam.* Mais cherchez à traduire une des expressions suivantes : *il n'a tenu à rien qu'il ne tombât, — il vient de sortir, — bien avant dans la nuit.* Si vous employez les mots latins correspondants, vous vous engagez dans une série sans fin de solécismes grossiers.

Aussi avons-nous cru bon de rappeler ici les gallicismes de syntaxe les plus difficiles, en indiquant la tournure latine ordinairement employée pour les traduire correctement.

Gallicismes formés par des NOMS :

Au *cœur* de la ville,	In *mediâ* urbe.
Au *fort* de l'hiver,	*Summâ* hieme.
Au *point* du jour,	*Primâ* luce.
Homme d'*action, de cœur, de bien,*	Vir *diligens, fortis, probus.*
Avoir la *force* de,	*Sustinere* (avec l'infinitif).
A *force* de travailler,	*Multo* labore.
Le *haut*, le *bas*, le *milieu*,	*Summus, imus, medius*, s'accordant avec le nom.
Avoir de la *peine* à lire,	*Ægrè* legere.
Être sur le *point* de,	*In eo* esse ut.
Vous avez *raison* de pleurer,	Est *quod* fleas.

Gallicismes formés par des ADJECTIFS OU PRONOMS :

Il est *capable* de vaincre,	Is est *qui* vincat.
Il est *désireux* de partir,	Illum *juvat* proficisci.

C'est *ainsi* qu'il parla,	*Sic* locutus est.
Ce que je crains, *c'est que,*	*Illud* timeo ne...
Est-ce à dire que,	Non ideò.
On voit *des gens qui,*	Videre est *qui.*
Tout autrement,	*Longè* aliter.

Gallicismes formés par des VERBES :

J'ai à travailler,	*Mihi* laborandum **est.**
Il *a beau* crier,	*Frustra* clamat.
N'*allez* pas croire...	*Noli* existimare.
Je *dois* ou *je vais* partir,	*Mox* profecturus sum.
Faites-moi savoir,	*Fac ut* sciam.
Vous me *faites* rire,	Ridere me *cogis.*
Cela m'a *fait* croire,	Id me *impulit* ut crederem.
C'en est *fait* de moi,	*Actum* est de me.
Il ne *fait* que d'arriver,	*Modò* advenit.
Il ne *fait* que se promener,	*Perpetuò* ambulat.
Peu s'en faut que je ne parte,	*Pæne* proficiscar.
Tant s'en *faut* que,	Tantùm *abest* ut.
Il a *manqué de* tomber,	*Paulum abfuit* quin caderet.
Il n'a pas *manqué de* venir,	*Non omisit* venire.
Ne *manquez pas de* lire,	*Memento* legere.
Il s'*occupe à* chasser,	*Versatur* in venando.
Il *passe pour* savant,	*Habetur* eruditus.
Il me semble voir,	Videre mihi *videor.*
Que t'en semble,	Quid tibi videtur.
Cela *ne sert qu'*à,	Hoc *ad id tantùm valet* ut.
Vous *ne sauriez* croire,	*Vix* credas.
Il *me tarde* de,	Nihil mihi *longius* est quàm ut.
Il *vient* de partir,	*Modò* profectus est.

NOTA I. Il y a un genre de gallicismes qui rompt brusquement la tournure d'une phrase, et tient un adjectif ou un participe, pour ainsi dire suspendus en l'air : BRISÉS par la souffrance, la religion trouve à vous consoler ; *dolore fracti, religio...* serait un solécisme. Il n'y a pas en latin de nominatifs absolus, les *ablatifs* seuls ont le privilége de se suffire à eux-mêmes ; tout nominatif est sujet d'un verbe ; tout génitif, tout datif, tout accusatif sont compléments.

Dans le cas donné, il faut changer de tournure, et faire

accorder le participe avec le régime de la phrase : *dolore
fractos vos recreare potest religio.*

Nota II. La forme française de l'indicatif présent passif
a quelquefois deux sens. *Ce livre est lu* peut signifier que
l'action de le lire est terminée, et alors il faut dire : *liber
lectus est ;* ou bien qu'on le lit encore, et alors il faut dire :
liber legitur. Cette observation est fort importante.

Gallicismes formés par des mots INVARIABLES : prépositions, adverbes, etc. :

A ce que je crois,	*Ut* opinor.
A dire vrai,	Ut verum dicam.
A mon insu,	Me inscio.
Lisez *au lieu de* badiner,	Lege, *ne verò* nugeris.
Bien avant dans la nuit,	*Multâ* nocte.
Avec votre permission,	Pace tuâ, veniâ tuâ.
Vous me ferez plaisir de,	Pergratum mihi feceris si.
Loin de moi la pensée de fuir,	*Absit ut* fugiam.
Plus qu'il ne faut,	Plus æquo (plus que le juste.)
Pour moi je pensais,	*Equidem* putabam.
Pour ce temps-là,	*Ut* eâ ætate.
Maintenant que,	Nunc quùm.
Sans pleurer,	Sine lacrymis.
Sans blesser sa conscience,	Salvâ fide.
Sans tarder,	Nullâ morâ.

Ces exemples suffisent pour montrer que toute correction
est impossible, sans l'étude de cette partie supplémentaire
de la syntaxe qui traite des gallicismes. Ils complètent ce
que nous avions à dire sur la tournure que nous avons
appelée GRAMMATICALE.

ARTICLE SECOND

La tournure classique.

Cette qualité de CLASSIQUE nous a longuement occupé dans
le choix des mots, elle reparaît tout entière dans le choix des
tournures. Généralement les mots restent les mêmes ; le
vocabulaire de Cicéron n'est pas bien différent de celui de

ses devanciers, mais les *alliances de mots*, dont nous nous occupons ici, changent pour ainsi dire tous les jours. C'est au grand siècle que nous devons les saisir, parce que ce sont celles-là que la grammaire a recueillies, et dont elle a fait la règle du bon goût.

On enfreint donc la grammaire et l'on tombe dans l'incorrection, si l'on altère ces tournures classiques, consacrées par Cicéron, Tite Live, Népos, Salluste, César, etc., pour imiter Tacite, Sénèque, Pline, Quintilien, etc., et les autres auteurs de la décadence.

Parmi ces derniers, Tacite surtout est dangereux, parce que peu inquiet d'être correct, il vise avant tout à être énergique et concis. Il a dit :

Facilis corrumpi, facile à corrompre, contre la règle MIRABILE VISU.

Quos urbe spes acciverat, que l'espérance avait fait sortir de la ville, contre la règle, REDEO EX URBE.

Vehementius quàm cautè *appetebat*, il désirait avec plus d'ardeur que de prudence, contre la règle FELICIUS QUAM PRUDENTIUS.

Ajoutons à cela beaucoup d'HELLÉNISMES :

Verberat eum latus (pour *latere*), il le frappe au flanc.

Certat tibi (pour *tecum*), il lutte avec toi.

Atrox odii (pour *odio*), féroce dans sa haine.

Elapsus est vincula (pour *vinculis*), il s'échappa des fers.

Les autres auteurs contemporains de Tacite offrent souvent les mêmes irrégularités. Ces irrégularités sont le plus souvent des archaïsmes ressuscités, des hellénismes, des expressions poétiques dont l'usage était toléré au temps de la décadence, mais qui feraient échouer au baccalauréat d'imprudents imitateurs.

Nous ajoutons même qu'ici encore, comme dans la correction des mots, un élève doit pousser *jusqu'au scrupule* la correction des tournures. La tournure classique ne suffit pas, il faut la tournure classique USUELLE.

Et en effet, même les écrivains du grand siècle se sont parfois accordé des licences, des hardiesses d'expression qui enfreignent les règles, établies par l'usage et généralement observées par eux-mêmes.

Flumen Rheni	(T. Live),	contre URBS ROMA.
Iniit consilium tollere	(C. Nepos),	contre TEMPUS LEGENDI.
Prohibentur adire	(Cicéron),	contre PROHIBERE NE.
Multùm præstat	id.	contre MULTO PRÆSTAT.
Fungi officium	id.	contre FUNGOR OFFICIO.
Accepi ex Pollione	id.	contre ACCEPI LITTERAS A...
Implere ollam denariorum	id.	contre IMPLERE DOLIUM VINO.

Il y en a bien d'autres. Mais la grammaire avant tout. « *La grammaire est aux lettres ce que le fondement est à l'édifice,* » avait dit Quintilien, Molière s'en est souvenu :

> Quoi ! toujours, malgré nos remontrances,
> Heurter le fondement de toutes les sciences,
> La grammaire qui sait régenter jusqu'aux rois
> Et les fait, la main haute, obéir à ses lois !
>
> FEMM. SAV. II, 6.

CHAPITRE II

PROPRIÉTÉ DE LA TOURNURE LATINE.

La propriété des mots a donné lieu à notre étude des *synonymes latins :* Ce que nous entendons ici par la propriété de la tournure, n'est autre chose que l'application des IDIOTISMES LATINS.

On appelle *idiotisme,* d'après l'étymologie grecque du mot (ἴδιος, propre, particulier), toute expression *propre* à une langue. Pour dire qu'une entreprise a bien réussi, le français dira qu'elle a été *couronnée de succès,* le latin qu'elle *s'est bien avancée, res benè processit.*

5.

On appelle *hellénismes*, les idiotismes de la langue grecque; *gallicismes*, ceux de la langue française; *latinismes*, ceux de la langue latine.

Ces idiotismes constituent sans contredit, la partie la plus difficile des langues. Rendre sa pensée sous une forme libre, arbitraire, est chose facile avec les mots du dictionnaire et les règles de la grammaire; mais quand la langue elle-même a créé pour la pensée une expression propre, et que cette expression a été consacrée par l'usage, c'est celle-là qui s'impose à l'écrivain, et il doit la connaître.

Or, ces expressions toutes faites sont nombreuses, leurs nuances sont délicates, elles exigent de longues et laborieuses études. Rompus de bonne heure à toutes les formes de notre langue maternelle, nous ne sentons pas la difficulté de trouver les gallicismes qu'elle contient : *Déployer du courage, embrasser une carrière, affronter un danger, épouser une querelle, essuyer un refus, nourrir un dessein*, etc.

Ajoutons cependant que **ces** gallicismes sont particulièrement faciles aux élèves qui ont beaucoup lu, qui vivent dans un milieu où l'on parle un langage choisi, et qui de plus, se distinguent par l'intelligence. La foule ne s'élève pas au-dessus de la grammaire, et ce genre de beauté reste inabordable pour elle.

Et s'il en est ainsi de la langue maternelle, que sera-ce d'une langue qu'on ne parle pas, avec laquelle dès lors on ne devient jamais familier? Sans doute, il y a des tours que la langue française a empruntés à la langue latine, et qu'il suffit en quelque sorte de calquer : *gonflé d'orgueil, superbiâ inflatus; dévorer une injure, injuriam devorare;* mais il y en a une infinité d'autres, complétement différents de la tournure française, qui appartiennent en propre à la langue latine, et qu'il est nécessaire d'étudier.

Faute de les connaître et de les employer, vous serez

légitimement accusés de n'avoir rien de *latin* dans votre style ; tant il est vrai que les idiotismes sont le fond même de la langue.

On a fait de ces idiotismes latins différents recueils plus ou moins utiles. Un travail meilleur peut-être aurait été de condenser ces expressions dans une série de narrations sur divers sujets. Une énumération décousue les rend très-difficiles à retenir. La mémoire serait bien autrement aidée, si elle les trouvait enchaînées les unes aux autres dans le développement d'une même pensée.

Nous allons essayer d'en donner un modèle dans une esquisse de la *Vie de César :*

Roma ipsa Cæsarem edidit	*César naquit à Rome même,*
anno DCLII	*en l'an 652*
post urbem conditam.	*de la fondation de Rome.*
Fertur (Cæsar)	*On dit que (César est rapporté être issu)*
summo loco ortus,	*il était issu d'une famille illustre,*
quippe qui	*en tant que*
ab Æneâ originem sumeret,	*il descendait d'Énée,*
et Mario nepos esset,	*et était neveu de Marius,*
qui illi loco patris fuerat.	*qui lui avait servi de père.*
A puero,	*Dès l'âge le plus tendre,*
summâ in exspectatione fuit.	*il donna les plus belles espérances.*
Duodevicesimum annum agebat	*Il avait dix-huit ans*
eo tempore quo Sylla,	*au moment où Sylla,*
odio compulsus	*obéissant à sa haine*
ac viribus ferox,	*et fier de sa puissance,*
in omni crudelitate exsultabat,	*se livrait à toutes les cruautés.*
Periculum erat ne,	*Il y avait lieu de craindre que,*
invidiâ infensus,	*poussé par la jalousie,*
in hanc mentem veniret ut	*il ne songeât à*
Cæsarem per vim opprimeret.	*user de violence envers César.*
Re quidem verâ,	*A la vérité,*
talia animo meditatus est ;	*il en eut la pensée ;*
at, amicis auctoribus,	*mais, sur le conseil de ses amis,*
manum abstinuit	*il s'abstint*
ab hoc scelere suscipiendo.	*de commettre ce crime.*
Periculo defunctus, Cæsar	*Échappé au danger, César*
jurejurando affirmavit	*fit le serment de*
se a Syllâ pœnas expetiturum,	*se venger de Sylla,*
pro tempore.	*quand l'occasion se présenterait.*

Quàm primùm,	*Aussitôt qu'il le put,*
prima stipendia fecit in Asia,	*il fit ses premières armes en Asie,*
prætore Thermo.	*sous le préteur Thermus.*
Defuncto Thermo,	*Dès que Thermus fut mort,*
domum rediit	*il rentra dans son pays*
quàm celerrimè.	*en toute hâte.*
In primis	*Tout d'abord*
se oratorem tulit,	*il se fit orateur,*
sed, quùm rem malè gessisset,	*mais ayant subi un échec*
pro opinione suâ,	*comme il s'y attendait,*
ab eloquentiâ declinavit,	*il renonça à l'éloquence,*
ut totus esset	*pour se vouer entièrement*
in armis.	*au métier des armes.*
Tùm	*C'est alors que*
ingenium erumpit.	*éclatent ses instincts.*
Non commisit ut	*Il eut garde de*
gratiam optimatûm sequeretur,	*chercher la faveur des grands,*
apud quos	*parmi lesquels*
aliquis forsan sustinuisset	*quelqu'un peut-être eût osé*
in æmulationem illi consurgere.	*se porter son rival.*
Itaque, e re Cæsaris erat	*Aussi, il était de l'intérêt de César*
ut ad plebem deficeret,	*qu'il se mît du parti du peuple,*
quæ una	*qui seul*
illius commodis inservire poterat.	*pouvait lui être utile.*
Gloriæ immodicus,	*Passionné pour la gloire,*
ambitione laborans,	*dévoré d'ambition,*
non satis habet	*il ne se contente pas*
in loco amplo esse,	*d'occuper les honneurs,*
primas tenere intendit.	*il veut arriver au premier rang.*
Intereâ	*Sur ces entrefaites*
iter in Hispaniam facit	*il se rend en Espagne,*
prætoris vices gerens.	*en qualité de préteur.*
At post sex menses	*Mais au bout de six mois*
ad summum,	*tout au plus,*
quum certior factus fuisset	*comme il avait été informé*
a suis	*par ses amis*
Romam in id venisse	*que Rome en était venue au point*
ut cederet in prædam	*de n'être plus que la proie*
cuivis,	*du premier venu,*
imperio se abdicavit.	*il quitta son commandement.*
Inde	*Alors*
magis quàm unquam aliàs,	*plus que jamais,*
omnem curam dedit	*il travailla*
ut plurimùm auctoritate valeret,	*à développer son influence,*
et nihil reliqui fecit	*et il ne négligea rien*
ut cogitata perficeret.	*pour exécuter ses plans.*
Abre non est	*Il n'est pas inutile*

breviter dicere	*de dire en passant*
illum incœpta exsecutum fuisse	*qu'il poursuivit son entreprise*
per fas et nefas :	*par tous les moyens :*
satius habuit	*il préféra*
in ruinam vertere	*bouleverser*
res romanas,	*l'état,*
quàm	*plutôt que*
servitute non premere.	*ne pas le subjuguer.*
Hoc pro certo habebat,	*Il était persuadé que,*
audendo,	*à force d'audace,*
se voti compotem fore	*il réaliserait ses vœux*
nullo negotio,	*sans peine,*
celeriùs opinione.	*plus vite qu'on ne le pensait.*
Itaque (sous-entendu cœpit)	*C'est pourquoi il commença*
omnia miscere	*à tout troubler*
industriâ ;	*volontairement ;*
fallacias componere	*à se jeter dans les intrigues*
in dies,	*de jour en jour,*
in occasionem imminere.	*à épier le moment favorable.*
Eò audaciæ venit	*Il fut même assez audacieux*
ut aggrederetur apertè	*pour attaquer de front*
Pompeium Pompeianosque	*Pompée et ses partisans*
omnes ad unum,	*tous jusqu'au dernier.*
Tùm verò	*C'est alors que*
exortum est Gallicum bellum.	*commença la guerre des Gaules.*

Arrivés ici nous pourrions ramasser par gerbes toutes les expressions que renferment les recueils sur la guerre. Cet essai suffit à montrer le parti que l'on peut tirer d'un sujet quelconque pour se rompre à cette étude des latinismes, si ingrate par elle-même et souvent si rebelle aux mémoires difficiles.

Il arrive souvent qu'un même mot a servi à former plusieurs latinismes différents.

Signalons d'abord quelques VERBES :

AGERE, faire, conduire, a fourni : — *Agere causam*, plaider une cause. — *Agere ætatem*, passer sa vie. — *Agere secum*, délibérer. — *Agere alias res*, être distrait. — *Agere cervum*, poursuivre un cerf.

DARE, donner : *dare manus*, se rendre. — *Dare locum,*

faire place. — *Dare pœnas,* être puni. — *Dare finem,* mettre fin.

ESSE, être : *esse detrimento, dolori, curæ,* causer du dommage, de la douleur, de l'inquiétude. — *Esse magni,* être estimé. — *Esse ab aliquo,* être du parti de quelqu'un. — *Esse in promptu,* se montrer. — *Esse benè, malè,* être heureux, malheureux.

HABERE, avoir : *habere odio,* haïr. — *Habere male,* maltraiter. — *Habere pro certo,* tenir pour certain. — *Habere satis,* se contenter de. — *Habere in levi,* ne pas tenir compte. — *Habere iter ad,* se diriger vers.

INDULGERE, favoriser : *indulgere sibi,* se donner carrière. — *Indulgere somno,* s'abandonner au sommeil. — *Indulgere gaudio, invidiæ, cupiditati,* etc., être joyeux, jaloux, cupide, etc.

PETERE, aller à : *petere locum,* se rendre à un endroit. — *Petere gloriam,* poursuivre la gloire. — Il a fréquemment le sens de chercher à : *petere aliquem fraude, gladio, amplexu...* chercher à tromper, à tuer, à embrasser quelqu'un.

SERVIRE, servir : *servire voluptatibus,* obéir à ses passions (même sens qu'*indulgere*). — *Servire posteritati,* travailler pour la postérité. — *Servire temporibus,* s'accommoder aux circonstances.

UTI, faire usage : *uti exemplis,* citer des exemples. — *Uti multùm aliquo,* être l'ami intime de quelqu'un. — *Uti rebus secundis, adversis,* être heureux, malheureux.

VALERE, FLORERE, VIGERE, dans le sens d'avoir. — FLORERE, s'emploie de préférence avec une idée de gloire : *Florere auctoritate, famâ, opibus,* avoir du crédit, de la célébrité, de la puissance. — VALERE et VIGERE représentent plutôt une idée de force : *valere, vigere oculis, eloquentiâ, juventâ,* avoir de bons yeux, de l'éloquence, de la jeunesse.

Les PRÉPOSITIONS forment aussi beaucoup d'expressions.

A ou AB fournit : *a fronte*, par devant. — *Ab omni parte,* sous tous les rapports. — *Ab hoste,* du côté de l'ennemi. — *Ab irâ,* de colère.

E ou EX : *Ex propinquo, longinquo,* de près, de loin. — *Ex adverso,* en face. — *Ex legibus,* d'après les lois.— *Ex improviso,* à l'improviste.

PRO : *pro tuâ prudentiâ,* eu égard à votre prudence. — *Pro nihilo haberi,* être méprisé. — *Pro patre esse,* tenir lieu de père. — *Pro viribus,* suivant ses forces.

IN : *In rem est,* il est utile. — *In animo habere ut,* avoir la pensée de. — *In posterum* (tempus), à l'avenir. — *In morem,* selon l'usage. — *In capita,* par homme. — *In os,* en face.

SUB : *sub monte,* au pied de la montagne. — *Sub luce,* au point du jour. — *Sub hæc verba,* à ces mots.

Pour mieux discerner toutes ces nuances, appliquons les diverses prépositions au même mot.

in tempore, en son temps.	*pro tempore,* selon le temps.
in tempus, pour quelque temps.	*ad tempus,* au moment convenable.
de tempore, de bonne heure.	*per tempus,* à propos.
ex tempore, tout d'un coup.	*post tempus,* trop tard.

On le voit, cette étude des idiotismes latins est longue et compliquée. Où et comment faut-il les apprendre? Ni ces observations, ni tous les recueils possibles ne valent l'étude personnelle des auteurs. Qu'un élève ouvre une page de Cicéron ou de Tite Live, qu'il l'étudie à fond, qu'il remarque les tournures, qu'il en prenne note dans un recueil de sa main et à son usage, tel est le vrai secret pour apprendre les expressions latines.

Prenons pour exemple les premières lignes du récit du combat des Horaces et des Curiaces. L'élève devra remarquer et recueillir les expressions soulignées :

Fœdere icto (conclure un traité), *sicut convenerat* (d'après les conventions) *arma capiunt,* (prendre les armes.) Statim, *in medium inter* (au milieu de) duas acies procedunt. Consederant utrinque *pro castris* (en face du camp) duo exercitus, in hoc spectaculum *totis animis* (de toute leur attention) intenti. Datur signum, *infestisque armis,* (en ennemis) terni juvenes concurrunt. Cum aliquandiù inter se *æquis viribus* (à forces égales) pugnassent...

Pour être moins incomplet, nous ajouterons diverses remarques sur certaines catégories d'expressions, en nous bornant aux expressions LOCALES, — MYTHOLOGIQUES, — PROVERBIALES, — IMAGÉES, — LITTÉRAIRES.

§ 1. Les expressions locales.

Nous appelons ainsi les expressions latines qui se tirent des usages des Romains, et ne peuvent convenir qu'à des faits contemporains de ces usages. On dira d'Auguste se mettant à table *epulis accumbit,* parce que de son temps les Romains prenaient leurs repas couchés sur des lits; mais on dirait de Louis XIV *epulis assidet.*

Considérez de même :

Esse in sagis, être sous les armes. Le *sagum* était le sayon ou casaque que les soldats romains portaient par-dessus la tunique.

Servos ad pileum vocare, affranchir les esclaves. Le *pileum* était le bonnet des hommes libres.

Stylum vertere, corriger un ouvrage. Le *stylus* ou poinçon dont les Romains se servaient pour écrire, présentait à son extrémité supérieure une surface plate qui, appliquée sur la tablette écrite, effaçait par la pression les lettres que le poinçon avait creusées dans la cire.

Aulæum mittere, baisser la toile, pour dire *commencer* le spectacle. Chez les Romains la toile se baissait sous le théâtre, chez nous elle se lève.

Toutes ces expressions sont à proscrire dans des sujets qui n'appartiennent pas à l'époque où elles avaient cours.

§ 2. Les expressions mythologiques.

Les divinités païennes ont aussi fait leur temps. On ne dira donc plus :

Agere pingui[1] *Minervâ*, se comporter sans politesse. *Minerve* était la déesse des arts et dès lors du bon ton.

Esse sub dio, être exposé aux injures de l'air. Les Egyptiens considéraient l'air comme le *dieu*, principe de tout.

Aperto Marte, à force ouverte. *Mars* était le dieu de la guerre et de la force.

Fulgente Jove, au milieu des éclairs. *Jupiter* était le dieu de la foudre.

§ 3. Les expressions proverbiales.

On définit un proverbe une sentence exprimée en peu de mots et devenue vulgaire : — *Qui veut aller loin ménage sa monture*. Chaque langue a ses proverbes.

Il y a des proverbes français pour la traduction desquels la langue latine fournit des proverbes correspondants, EXACTEMENT SEMBLABLES :

Faire la sourde oreille,	*ceram auribus obdere*[2].
Frapper d'estoc et de taille[3],	*punctim et cæsim petere*.
Le temps est un grand maître,	*tempus omnia revelat*.

Quelques autres ne subissent qu'un LÉGER CHANGEMENT :

Aimer comme ses yeux,	*in oculis ferre*[4].
Promettre monts et merveilles,	*aureos polliceri montes*.

D'autres enfin n'ont en latin que des correspondants ÉLOIGNÉS :

---

1. Epais, grossier.
2. Couler de la cire dans ses oreilles.
3. *Estoc*, ancienne épée; *c'est-à-dire*, frapper de la pointe et du tranchant. *Punctim* de *pungere*, piquer, et *cæsim* de *cædere*, couper.
4. Porter dans les yeux.

Faire des châteaux en Espagne, *In aere piscari*[1].
Donner un coup d'épée dans l'eau, *In aquâ scribere*[2].
Vouloir prendre la lune avec les *Vere flores numerare*[3].
  dents,
Eveiller le chat qui dort.   *crabones irritare*[4].

D'autres enfin n'ont en latin aucun correspondant, et se traduisent par des tournures LIBRES :

Mettre la charrue avant les bœufs, *Præponere ultima primis*[5].
Etre sur les épines (inquiet),   *In spe animi pendere*[6].

§ 4. Les expressions imagées.

Les latins ont souvent pour rendre la même pensée, l'expression *simple* et l'expression *imagée*.

SIMPLE :	IMAGÉE :

Incitare ad rebellionem
   Pousser à la sédition.
	Ignem subdere seditioni
	   Placer les torches sous la sédition.

Probra alicui dicere
   Outrager quelqu'un.
	Aliquem verbis obterere
	   Broyer quelqu'un de paroles.

Odio indulgere
   S'abandonner à sa haine.
	Odii habenas effundere
	   Lâcher les rênes à sa haine.

Urbem delere
   Détruire une ville.
	Solo urbem æquare
	   L'égaler au sol.

Irâ ferri
   Se mettre en colère.
	Exardescere in iram
	   Bouillonner de colère.

Asiam appetere
   Convoiter la conquête de l'Asie.
	Asiæ inhiare
	   Etre bouche béante pour l'engloutir.

NOTA I. Il y a en français des images pour la traduction desquelles le latin fournit des images EXACTEMENT SEMBLABLES.

Respirer le crime,   *Anhelare scelus.*
Tuer le temps,   *Terere tempus.*
Enseveli dans l'ivresse,   *Vino sepultus.*

---

1. Pêcher dans l'air.
2. Ecrire dans l'eau.
3. Compter les fleurs au printemps.
4. Irriter les frelons.
5. Placer les derniers avant les premiers.
6. Etre suspendu dans l'attente.

| Enflé d'orgueil, | *Superbiâ tumens.* |
| Dévorer l'espace, | *Vorare viam.* |

Quand cette traduction littérale paraît obscure ou choquante, on peut employer les correctifs *quidam, ut ita dicam, quasi,* etc.

Le corps aussi a son éloquence, *quasi corporis* QUÆDAM *eloquentia* (Cic). — Il faut à l'orateur un souffle de colère, *Quodam afflatu* QUASI *furoris.* — Sa voix dure comme le fer, *dura vox, et,* UT ITA DICAM, *ferrea.*

NOTA II. Il y a en français des images pour la traduction desquelles le latin ne fournit que des images ÉQUIVALENTES.

Se bercer d'un espoir,	*Spem fovere* (nourrir).
Inonder de lumière,	*Lumine satiare* (rassasier).
La vérité jaillit,	*Veritas emergit* (surnage).
La paix régnait,	*Pax florebat* (florissait).
La soif de l'or,	*Auri fames* (la faim).

Quand on ne trouve pas d'images équivalentes, ce qui est fort rare, on emploie les termes SIMPLES.

NOTA III. On trouve dans les auteurs latins des images qu'il ne faut pas imiter.

I. Plusieurs, employées par les POÈTES.

Dire un mot à l'oreille,	*stillare* (distiller) *aliquid in aurem.* JUV.
Baiser son fils,	*libare* (verser) *osculum nato.* VIRG.
Grand nombre de traits,	*seges* (moisson) *ferrea telorum.* VIRG.

II. Plusieurs, employées par les auteurs de la décadence, PRÉTENTIEUSES OU OBSCURES.

Se révolter,	*induere* (revêtir) *seditionem.* TAC.
Couvert de blessures,	*onustus* (chargé) *vulneribus.* TAC.
Epier les visages,	*vultus in crimen detorquens*[1] TAC.

1. Tournant les visages en accusation.

III. Plusieurs, employées par les prosateurs même classiques, mais TROP HARDIES.

Faire un travail pénible,	*exantlare laborem* [1].	CIC.
Exciter la douleur,	*doloris faces admovere* [2].	CIC.
Se mettre en marche,	*carpere* [3] *viam.*	TITE LIVE.

§ 5. Les expressions littéraires.

Arrivés dans les classes supérieures, les bons élèves ont déjà la mémoire ornée d'un grand nombre d'expressions latines, et sont capables de mener à bon terme un thème ou une narration, sans les pousser, pour ainsi dire, à coups de dictionnaire.

César, Salluste, Quinte Curce, Cicéron, tout ce qu'ils ont étudié, les rend aptes à traiter sans trop de labeur un sujet guerrier, moral, politique. Mais donnez-leur à exprimer leur avis sur une simple fable de La Fontaine, et les voilà jetés dans l'inconnu; les expressions littéraires leur manquent.

Ils sentent bien la différence qu'il y a entre *la pureté du cœur* et *la pureté du style*, *la clarté du jour* et *la clarté d'un poëme*, *le goût du palais*, et *le goût de l'intelligence;* ils n'oseront dire *styli puritas, poematis lumen, animi gustus*, et ils auront raison, mais que diront-ils? Le dictionnaire sera appelé à faire tous les frais de leur travail, et dans le temps perdu à chercher des expressions qu'ils devraient savoir, n'y a-t-il pas déjà un inconvénient grave ?

Nous avons cru pouvoir y obvier quelque peu en insérant ici un certain nombre de pages de Cicéron et de Quintilien, choisies et graduées en vue de correspondre aux diverses parties de la littérature. Les élèves pourraient très-utilement les traduire et les apprendre par cœur.

---

1. De *antlia*, lourde machine à pomper de l'eau.
2. Secouer les torches de la douleur.
3. Mot à mot, *cueillir, prendre.*

I. Qualités du style.

Après avoir distingué cinq qualités du style : *dilucidum, breve, probabile, illustre, suave,* qu'il soit *clair, précis, vraisemblable, éclatant, agréable,* Cicéron définit ainsi chacune d'elles :

Dilucidum [1] fit usitatis verbis, propriis, dispositis; obscurum autem, aut longitudine, aut contractione orationis, aut ambiguïtate verborum.

Brevitas autem conficitur simplicibus verbis, semel unaquâque re dicendâ, nulli rei, nisi ut dilucidè dicas, serviendo.

Probabile autem genus est orationis, si non nimis est comptum atque expolitum; si est auctoritas et pondus in verbis; si sententiæ aptæ opinionibus hominum et moribus.

Illustris autem oratio est, si et verba gravitate delectâ ponuntur; et translata, et superlata, et ad nomen adjuncta, et duplicata, et idem significantia.

Suave autem genus erit dicendi, primùm elegantiâ et jucunditate verborum sonantium et lenium, deinde conjunctione quæ neque asperos habeat concursus, neque hiantes.

La *clarté* du style consiste dans l'emploi des termes ordinaires, propres, distribués avec ordre; l'obscurité naît de la longueur ou de la concision des phrases, de l'ambiguïté des termes.

L'élocution a le mérite de la *brièveté,* lorsqu'elle est simple, lorsqu'elle n'exprime chaque idée qu'une fois, et qu'elle n'a d'autre but que de l'exprimer clairement.

L'élocution est *vraisemblable,* si on n'y mêle pas trop de parure, trop d'ornements; si les termes ont de la force et de la puissance; si les pensées sont conformes aux opinions et aux mœurs des hommes.

On donne au style de l'*éclat,* en se servant de termes nobles et choisis, de métaphores, d'hyperboles, d'épithètes, de répétitions, de la synonymie.

Il y aura de l'*agrément* dans le discours, tout d'abord, s'il offre un heureux choix de termes élégants, harmonieux, sonores, doux à l'oreille; ensuite si leur assemblage ne présente point de consonnances dures ou des hiatus.

(Cic., *Oratoriæ partitiones,* vi).

II. Genres de style.

Tria sunt omninò genera dicendi, quibus in singulis quidam floruerunt.

Grandiloqui [2] fuerunt cum

Il y a trois principaux genres de style, chacun d'eux a compté d'illustres écrivains.

Dans le genre *sublime,* il en est

(1) Sous-entendu *genus dicendi,* le style.
(2) Sous-entendu *oratores.*

amplâ et sententiarum gravitate, et majestate verborum, vehementes, varii, copiosi, graves, ad permovendos et convertendos animos instructi et parati : quod ipsum[1], alii asperâ, tristi, horridâ oratione, neque perfectâ, neque conclusâ ; alii lævi et instructâ, et terminatâ.

Et contra *tenues*, acuti, omnia docentes, et dilucidiora, non ampliora facientes, subtili quâdam et pressâ oratione limati : in eodemque genere alii callidi, sed impoliti, et consultò rudium similes et imperitorum; alii in eâdem jejunitate concinniores, id est, faceti, florentes etiam, et leviter ornati.

Est autem quidam interjectus, inter hos medius, et quasi *temperatus*, nec acumine posteriorum, nec fulmine utens superiorum, ut cinnus amborum. Isque uno tenore, ut aiunt, in dicendo fluit, nihil afferens præter facilitatem et æquabilitatem.

Est autem cavendum, ne, dùm hæc genera consectamur, in finitima et propinqua vitia veniamus.

Nam gravi figuræ, quæ laudanda est, propinqua est ea, quæ fugienda est, quæ rectè videbitur appellari, si sufflata nominabitur.

Nam ut corporis bonam habitudinem tumor imitatur

qui, à la grandeur et à l'élévation des pensées, à la majesté de l'expression, joignent la véhémence, la variété, l'abondance, la noblesse; ils sont armés de tous les moyens d'émouvoir et d'entraîner les esprits. Ce même genre, les uns l'atteignent par un style rude, austère, sauvage, négligé, peu harmonieux, les autres par une diction polie, régulière, harmonieuse.

Au contraire, les écrivains du genre *simple*, dépourvus d'ornements, ne cherchant qu'à instruire, contents d'éclairer sans rien agrandir, ont adopté des tournures précises, rapides, châtiées : mais dans ce genre encore les uns, tout en étant habiles, écrivent sans élégance, affectent un langage sans art et sans étude ; d'autres veulent parer cette simplicité, ils y répandent des grâces, des fleurs et de légers ornements.

Entre ces deux genres, il est un genre intermédiaire, mixte, pour ainsi dire *tempéré*, qui n'a ni les traits du dernier ni les foudres du premier, et participe des deux. Un style qui coule, pour ainsi dire, d'un seul jet, qui n'a d'autre mérite que celui de s'avancer sans effort, et à une hauteur toujours égale (Cic., *Orator*, vi.)

III. Défauts du style.

Quiconque pratique ces différents genres, doit éviter de tomber dans les défauts qui leur sont voisins, et les touchent de près.

La forme sublime est digne d'éloges, mais elle conduit à une autre forme qu'il faut éviter, et à laquelle nous croirons donner son véritable nom, si nous l'appelons enflure.

Car comme souvent la bouffissure se confond avec l'embonpoint du

(1) Sous-entendu *sunt*, ils sont *cela même*, c'est-à-dire *sublimes.*

sæpè, **ita** gravis oratio sæpè imperitis videtur ea, quæ turget et inflata est, quum aut novis, aut priscis verbis, aut duriter aliunde translatis, aut gravioribus quàm res postulat, aliquid dicitur.

Qui in mediocre genus orationis profecti sunt, si pervenire eò non potuerunt, errantes perveniunt ad confine genus ejus generis, quod appellamus fluctuans et dissolutum ; eò quòd sine nervis et articulis fluctuat hùc et illùc, nec potest confirmatè, neque viriliter sese expedire.

Qui non possunt in illâ facetissimâ verborum attenuatione commodè versari, veniunt ad aridum et exsangue genus orationis, quod non alienum est exile nominari.

corps, ainsi les ignorants prennent pour le style sublime, l'emphase et la boursoufflure dans les mots, les néologismes ou les archaïsmes, les métaphores ou forcées, ou trop pompeuses pour le sujet que l'on traite.

Ceux qui visent au genre tempéré, s'ils n'ont pu y atteindre, sont arrivés en s'écartant de la route à un genre limitrophe de celui-là, que nous appelons le style lâche et décousu, parce que, dépourvu de nerfs et d'articulations, il flotte de çà et de là, incapable de se déployer avec vigueur et fermeté.

Enfin, ceux qui ne peuvent cultiver avec succès le genre simple, qui a tant de grâce, tombent dans une diction sèche et pâle, que l'on appelle à bon droit décharnée.

(Cic., *ad Herennium*, iv, 10).

IV. Figures de style.

Et singulorum verborum et collocatorum lumina attigimus : quibus sic abundabit, ut verbum ex ore nullum, nisi aut elegans aut grave exeat.

Ex omnique genere frequentissimæ translationes erunt, quod eæ propter similitudinem transferunt animos, et referunt, ac movent hùc et illùc ; qui motus cogitationis, celeriter agitatus, per se ipse delectat.

Et reliqua, **ex** collocatione verborum quæ sumuntur quasi lumina, magnum afferunt ornamentum orationi.

Déjà nous avons signalé en passant l'éclat que donnent au discours soit le choix des mots, soit leur arrangement : l'orateur sera si riche de ces figures, qu'il ne laissera échapper aucun terme qui n'ait de l'élégance ou de la force.

Parmi tous les genres de figures, il emploiera surtout les métaphores, qui, à l'aide de la comparaison, transportent les esprits à un objet étranger, le ramènent au premier, le font passer de l'un à l'autre ; ce mouvement rapide de la pensée portée sur divers points est déjà par lui-même un plaisir.

Les autres figures, les autres lumières du discours, pour ainsi parler, qui naissent de l'arrangement des mots, servent aussi beaucoup à embellir le style.

Sunt enim similia illis, quæ in amplo ornatu scenæ, aut fori, appellantur insignia; non quòd sola ornent, sed quòd excellant.

On peut les comparer à ces ornements qui, sous le nom de décorations, donnent toute leur magnificence au théâtre ou au forum; elles ne sont pas les seules beautés, mais elles brillent entre toutes les autres.

Sed sententiarum ornamenta majora sunt; quibus quia frequentissimè Demosthenes utitur, sunt qui putent idcircò ejus eloquentiam maximè esse laudabilem. Hoc in genere omnis eluceat oportet eloquentiæ magnitudo.

Mais les figures de pensées ont un tout autre éclat: et, comme Démosthènes en fait un fréquent usage, quelques-uns croient que c'est un des plus grands mérites de son éloquence. Il faut en effet que l'éloquence tire de ce genre de figures son éclat et sa grandeur.

(Cic., *Orator*, 39-41).

V. Harmonie du style.

Id Isocrates instituisse fertur, ut inconditam antiquorum dicendi consuetudinem, delectationis atque aurium causâ, numeris adstringeret.

Namque hæc duo musici, qui erant quondam iidem poetæ, machinati ad voluptatem sunt, versum atque cantum : ut et verborum numero, et vocum modo, delectatione vincerent aurium satietatem.

Hæc igitur duo, vocis dico moderationem, et verborum conclusionem, quoad orationis severitas pati possit, a poeticâ ad eloquentiam traducenda duxerunt.

In quo illud est vel maximum, quod, versus in oratione si efficitur conjunctione verborum, vitium est ; et tamen eam conjunctionem, sicuti versum, numerosè cadere et quadrare, et perfici volumus.

Neque est ex multis una, quæ magis oratorem ab im-

C'est Isocrate, dit-on, qui, le premier, assujettit au rhythme la prose irrégulière des anciens, pour flatter agréablement l'oreille.

Les musiciens qui, dans l'origine, étaient en même temps poëtes, inventèrent ce double charme de la diction, le vers et le chant : le rhythme des mots et la mélodie des sons charmaient l'oreille, que la monotonie aurait fatiguée.

Ces deux éléments d'élégance, à savoir les inflexions de la voix et l'harmonie des mots, on crut que l'éloquence pouvait, tout en respectant la gravité de son ministère, les emprunter à la poésie.

Mais il importe beaucoup d'observer que réunir les mots de manière à faire des vers dans la prose, est un défaut; nous voulons pourtant que cette alliance de mots présente le nombre, la cadence, la symétrie, la perfection du vers.

De tous les points qui distinguent le véritable orateur du parleur in-

perito dicendi res ignaroque distinguat, quàm quòd ille rudis inconditè fundit, quantùm potest, et id, quod dicit, spiritu, non arte, determinat; orator autem, sic alligat sententiam verbis, ut eam numero quodam complectatur, et adstricto et soluto.

habile et ignorant, celui qui les distingue le plus, c'est que celui-ci déroule sa phrase sans art et sans ordre jusqu'à l'épuisement de ses forces, et règle sa parole sur la puissance de ses poumons, plus que sur les lois de l'harmonie; au lieu que l'orateur est tellement maître des formes qu'il donne à sa pensée, qu'il peut à volonté l'astreindre au nombre, ou l'en affranchir.

(Cic., *De Oratore*, iii, 44).

VI. La narration.

Narratio est rerum gestarum, aut perinde ut gestarum expositio. Tres convenit res habere narrationem, ut *brevis*, ut *dilucida*, ut *verisimilis sit*.

Rem *breviter* narrare poterimus, si inde incipiemus narrare, unde necesse erit; et si non ab ultimo initio repetere volemus, et si summatim non particulatim narrabimus; et si non ad extremum, sed usque eò quò opus erit, persequemur; et si transitionibus nullis utemur, et si non deerrabimus ab eo quod cæperimus exponere.

Rem *dilucidè* narrabimus, si, ut quidque primùm gestum erit, ita primùm exponemus, et rerum ac temporum ordinem conservabimus, ut gestæ res erunt, aut ut potuisse geri videbuntur.

Hìc erit considerandum, ne quid perturbatè, ne quid contortè, ne quid ambiguè, ne quid novè dicamus, ne quam in aliam rem transeamus, ne ab ultimo repetamus, ne longè prosequamur, ne quid quod ad

La narration est l'exposé des faits tels qu'ils se sont passés, ou tels qu'ils ont pu se passer. La narration doit avoir trois qualités, elle doit être *précise, claire, vraisemblable*.

Nous ferons une narration *précise*, si nous commençons où il faut commencer; si nous ne voulons pas reprendre de trop haut; si nous rappelons les faits en abrégé, sans entrer dans les détails; si nous ne poursuivons pas notre récit jusqu'à épuisement, mais savons nous arrêter à propos; si nous ne cherchons pas de transitions, si nous ne nous écartons pas du sujet que nous avons commencé à traiter.

La narration sera *claire*, si nous disons d'abord ce qui s'est fait d'abord; si nous conservons la disposition des choses et des temps, dans l'ordre où les événements se sont produits ou paraissent avoir pu se produire.

Gardons-nous de rendre notre récit ou confus, ou entortillé, ou équivoque : point de locution nouvelle, point de digression; ne prenons pas les choses de trop haut, ne les étendons pas outre mesure, n'omettons rien de ce qui appartient au sujet; en

rem pertineat, prætereamus; et si sequemur ea, quæ de brevitate præcepta sunt; nàm quò brevior, eò dilucidior et cognitu facilior narratio fiet.

Verisimilis narratio erit, si, ut mos, ut opinio, ut natura postulat, dicemus; si spatia temporum, personarum dignitates, consiliorum rationes, locorum opportunitates constabunt.

un mot, observons tous les préceptes de la brièveté; car plus le récit est rapide, plus il est clair et facile à saisir.

La narration sera *vraisemblable*, si nous nous conformons à l'usage, à l'opinion, à la nature; si nous tenons compte des intervalles de temps, de l'importance des personnages, de la valeur des motifs, de l'opportunité des lieux.

(Cic., *ad Herennium*, I, 9).

VII. L'éloquence et la poésie.

Poetæ quæstionem attulerunt, quidquid esset illud, quo ipsi differrent ab oratoribus : numero maximè videbantur anteà et versu; nunc apud oratores jam ipse numerus increbuit.

Itaque video visum esse nonnullis, Platonis et Democrati locutionem, etsi absit à versu, tamen, quòd incitatiùs feratur, et clarissimis verborum luminibus utatur, potiùs poema putandum, quàm comicorum poetarum; apud quos, nisi quòd versiculi sunt, nihil est aliud quotidiani dissimile sermonis.

Nec tamen id est poetæ maximum; etsi est eò laudabilior, quòd virtutes oratoris prosequitur, quum versu sit adstrictior.

Ego autem, etiamsi quorumdam grandis et ornata vox est poetarum, tamen in eâ quùm licentiam statuo majorem esse, quàm in nobis, faciendorum jungendorumque verborum; tùm etiam nonnullorum voluptati vocibus

Les poëtes ont donné lieu d'examiner en quoi ils diffèrent des orateurs. Jadis ils se distinguaient surtout par l'harmonie et la versification, mais aujourd'hui, l'harmonie elle-même s'est fait admettre dans l'éloquence.

Voilà pourquoi, de l'avis de quelques-uns, Platon et Démocrite, bien qu'ils ne soient que prosateurs, ont mérité par la vivacité et l'éclat de leurs expressions, qu'on accordât à leurs productions le titre de poëmes, mieux que les poëtes comiques, chez qui, à l'exception de la mesure ïambique, il n'est rien qui ne ressemble à la conversation familière.

Ce n'est donc pas ici la grande qualité du poëte; mais il n'en est que plus admirable lorsque, malgré la contrainte du vers, il s'élève à toutes les beautés de l'éloquence.

Pour moi, quelle que soit la grandeur, la magnificence du style poétique, je crois qu'il se recommande, d'une part, par une licence, plus grande que celle qui est accordée aux orateurs, pour hasarder des mots nouveaux et composés; de l'autre, par ce besoin de plaire, qui

magis, quàm rebus inserviunt.

Nec verò, si quid est unum inter eos simile (id autem est judicium, electioque verborum), proptereà cæterarum rerum dissimilitudo intelligi non potest.

lui fait donner plus de soin aux expressions qu'aux pensées.

Enfin, l'orateur et le poëte ont beau se ressembler sur un point, la pureté du goût et le bon choix des termes, on ne peut pas se refuser à reconnaître la dissemblance qui existe sur tous les autres points.

(Cic., *Orator*, xx).

VIII. L'éloquence et la philosophie.

Positum sit in primis (quod pòst magis intelligetur), sine philosophiâ non posse effici, quem quærimus eloquentem : non ut in eâ tamen omnia sint, sed ut sic adjuvet, ut palæstra histrionem; parva enim magnis sæpè rectissimè conferuntur.

Nam nec latius nec copiosius de magnis variisque rebus sine philosophiâ potest quisquam dicere.

Siquidem in Phædro Platonis hoc Periclem præstitisse cæteris dicit oratoribus Socrates, quòd is Anaxagoræ physici fuerit auditor : a quo censet, eum, quum alia præclara quædam et magnifica didicisset, uberem et fecundum fuisse, gnarumque (quod est eloquentiæ maximum) quibus orationis modis quæque animorum partes pellerentur.

Quod idem de Demosthene existimari potest : cujus ex epistolis intelligi licet, quàm frequens fuerit Platonis auditor.

Nec verò sine philosophorum disciplinâ, genus et speciem

Etablissons tout d'abord ce principe (on le saisira mieux dans la suite) que sans la philosophie nous ne formerons jamais l'homme éloquent que nous cherchons. Ce n'est pas qu'elle renferme tout, mais elle nous est nécessaire, comme la gymnastique aux acteurs, car on peut souvent comparer avec beaucoup de justesse les petites choses aux grandes.

Et comment sans la philosophie, traiter avec étendue, avec abondance des sujets à la fois si élevés et si variés.

Socrate lui-même, dans le Phèdre de Platon, dit que Périclès ne devint un orateur si éminent, que pour avoir étudié sous le philosophe Anaxagore; il pense qu'il dut aux leçons de celui-ci, non-seulement ses connaissances les plus sublimes et les plus brillantes, mais encore l'étendue, la fécondité de l'esprit, et l'art, le plus difficile pour l'orateur, celui de réussir par les ressources de sa parole à toucher dans l'âme les fibres de l'émotion.

C'est ce que l'on peut croire aussi de Démosthène; car ses lettres nous apprennent combien il était fidèle disciple de Platon.

Une chose certaine, c'est que nous ne pouvons, sans la science philoso-

cujusque rei cernere, neque eam definiendo explicare, nec tribuere in partes possumus; nec judicare, quæ vera, quæ falsa sint, neque cernere consequentia, repugnantia videre, ambigua distinguere. Quid dicam de naturâ rerum cujus cognitio magnam orationis suppeditat copiam?

phique, distinguer dans un objet l'espèce du genre, l'éclaircir par la définition, le diviser; discerner le vrai d'avec le faux, suivre les conséquences, voir les contradictions, démêler les équivoques. Parlerai-je de la science de la nature, dont l'étude ouvre à l'orateur un trésor inépuisable ?

(Cic., *Orator*, iv.)

IX. Les qualités de l'éloquence.

Quoniam eloquentia constat ex verbis et sententiis, perficiendum est, ut purè et emendatè loquentes, quod est latinè, verborum præterea, et propriorum, et translatorum elegantiam prosequamur; in propriis, ut aptissima eligamus; in translatis, ut similitudinem secuti, verecundè utamur alienis.

Sententiarum autem totidem genera sunt, quot diximus esse laudum : sunt enim docendi, acutæ; delectandi, quasi argutæ; commovendi, graves.

Sed et verborum est structura quædam, duas res efficiens, numerum, et lenitatem; et sententiæ suam compositionem habent, et ad probandam rem accommodatum ordinem.

Sed earum omnium rerum, ut ædificiorum, memoria est quasi fundamentum, lumen actio. Ea igitur omnia, in quo summa, erit orator peritissimus; in quo media, mediocris; in quo minima, deterrimus.

Puisque les paroles et les pensées sont ce qui constitue l'éloquence, il faut tout d'abord travailler à n'employer que des formes pures, correctes, véritablement latines, puis s'attacher à l'élégance des expressions soit propres, soit figurées. Dans les expressions propres, choisissons les plus justes; dans les autres, recherchons entre les objets des rapports exacts et n'employons qu'avec discrétion les termes métaphoriques.

Les pensées ont autant de caractères différents que nous avons attribué de qualités à l'orateur : pour instruire elles seront vives; pour plaire, ingénieuses; pour émouvoir, pathétiques.

De plus les paroles sont soumises à une certaine structure qui leur donne deux qualités, l'harmonie et la douceur; les pensées comportent elles-mêmes un arrangement, un ordre, propre à établir la persuasion.

Enfin, la mémoire est comme la base de tous ces éléments, de tout cet édifice, et l'action y répand la lumière. Nous appellerons donc orateur parfait, celui qui réunira tous ces talents; orateur médiocre, celui qui ne les possédera qu'en partie, mauvais orateur, celui qui en sera totalement dépourvu.

Et appellabuntur omnes oratores, ut pictores appellantur etiam mali; nec generibus inter sese, sed facultatibus different.

Ils seront tous orateurs, comme on donne le nom de peintres à de mauvais peintres ; ce n'est pas le genre, mais le mérite qui les distinguera. (Cic., *De optimo genere oratorum*, 2).

X. Les diverses parties du discours.

Oportet esse in oratore *inventionem*, *dispositionem*, *elocutionem*. *Inventio* est excogitatio rerum verarum aut verisimilium quæ causam probabilem reddant.

Dispositio est ordo et distributio rerum ; quæ demonstrat, quid quibus in locis sit collocandum. *Elocutio* est idoneorum verborum et sententiarum ad inventionem accommodatio.

Inventio in sex partes orationis consumitur, in *exordium*, *narrationem*, *divisionem*, *confirmationem*, *confutationem*, *conclusionem*.

Exordium est principium orationis, per quod animus auditoris constituitur ad audiendum.

Narratio est rerum gestarum, aut perinde ut gestarum, expositio.

Divisio est, per quam aperimus, quid conveniat, quid in controversia sit, et per quam exponimus, quibus de rebus simus dicturi.

Confirmatio est nostrorum argumentorum expositio cum asseveratione.

Confutatio est contrariorum locorum dissolutio.

Conclusio est artificiosus terminus orationis.

Il faut à l'orateur l'*invention*, la *disposition*, l'*élocution*. L'*invention* est l'art de trouver les moyens vrais ou vraisemblables qui peuvent soutenir sa cause.

La *disposition* est l'art de distribuer et de mettre en ordre ces matériaux ; elle enseigne quelle place doit occuper chacun d'eux. L'*élocution* est l'emploi des idées et des mots les plus propres à l'expression des choses fournies par l'invention.

L'*invention* comprend les six parties oratoires : l'*exorde*, la *narration*, la *division*, la *confirmation*, la *réfutation*, la *péroraison*.

L'*exorde* est le début du discours ; il dispose l'esprit de l'auditeur à nous accorder son attention.

La *narration* est l'exposé des faits, tels qu'ils se sont passés ou ont pu se passer.

La *division* présente les points convenus et les points en litige ; elle met en vue l'objet de la discussion.

La *confirmation* développe nos preuves, en leur donnant du poids.

La *réfutation* détruit les points qui nous sont opposés.

La *péroraison* est la fin habilement disposée du discours.

Cic. *ad Herennium*, i, 12.

XI. Les historiens.

Historiam multi scripsere præclarè; sed nemo dubitat longè duos cæteris præferendos, quorum diversa virtus laudem pænè est parem consecuta: densus, et brevis, et semper instans sibi **Thucydides**; dulcis, et candidus, et fusus **Herodotus**; ille concitatis, hic remissis affectibus melior; ille concionibus, hic sermonibus; ille vi, hic voluptate.

Plusieurs ont brillé dans l'histoire, mais tout le monde convient qu'il en est deux qui ont laissé loin derrière eux tous les autres, et qui, par des qualités différentes ont acquis une gloire presque égale. L'un serré, concis, pressé, c'est **Thucydide**; l'autre doux, clair, abondant, c'est **Hérodote**. Le premier peint mieux les passions violentes, le second les sentiments modérés; Thucydide brille dans les harangues, Hérodote dans les entretiens familiers; celui-là subjugue, celui-ci plaît.

Quid ergo commemorem **Xénophontis** illam jucunditatem inaffectatam, sed quam nulla consequi affectatio possit? Ut ipsæ sermonem finxisse Gratiæ videantur, et, quod de Pericle veteris comœdiæ testimonium est, in hunc transferri justissime possit, in labris ejus sedisse quamdam persuadendi deam.

Que dirai-je de cette douceur de **Xénophon**, si éloignée de toute affectation, et que nulle affectation ne saurait atteindre? On dirait que les grâces elles-mêmes ont pétri son langage; et, pour lui appliquer à juste titre le témoignage que la comédie ancienne rendit à Périclès, ses lèvres étaient comme le siége de la déesse de la persuasion.

At non historiâ Græcis; cedendum nec opponere Thucydidi **Sallustium** verear; neque indignetur sibi Herodotus æquari **T. Livium**, quùm in narrando miræ jucunditatis, clarissimique candoris, tùm in concionibus, suprà quàm enarrari potest, eloquentem.

Ita quæ dicuntur omnia, quùm rebus, tùm personis, accommodata sunt. Affectus quidem, præcipuè eos qui sunt dulciores, ut parcissimè dicam, nemo historicorum commendavit magis: ideòque

Pour l'histoire nous ne le cédons nullement aux Grecs. Ainsi, je ne crains pas d'opposer **Salluste** à Thucydide, et je ne crois pas faire injure à Hérodote en lui comparant **Tite Live**, si gracieux, si clair et si brillant dans ses récits, si éloquent dans ses harangues qui surpassent tout éloge.

Il ne dit jamais rien qui ne soit en harmonie parfaite avec les choses et avec les personnes. Pour ce qui est des passions, surtout des plus douces, je crois m'exprimer avec la plus extrême réserve en disant qu'aucun historien n'a mieux réussi

immortalem illam Sallustii velocitatem diversis virtutibus consecutus est.

Nam mihi egregiè dixisse videtur Servilius, pares eos magis quàm similes.

à les peindre : aussi peut-on dire qu'il supplée par des qualités différentes la céleste rapidité de Salluste.

Car selon l'heureuse expression de Servilius, ces deux écrivains sont plutôt égaux que semblables.

QUINT., *Inst. Orat.*

XII. Les philosophes.

Philosophorum quis dubitet **Platonem** esse præcipuum, sive acumine disserendi, sive eloquendi facultate divinâ quâdam et homericâ ?

Multùm enim supra prorsam orationem et quam pedestrem Græci vocant, surgit; ut mihi non hominis ingenio, quodam delphico videatur oraculo instinctus.

Quid commemorem **Aristotelem**, quem dubito scientiâ rerum, an scriptorum copiâ, an eloquendi suavitate, an inventionum acumine, an varietate operum, clariorem putem ?

Quo in genere paucissimos adhuc eloquentes litteræ Romanæ tulerunt.

Idem igitur M. **Tullius**, qui ubique, etiam in hoc opere Platonis æmulus exstitit : egregius verò, multòque, quàm in orationibus, præstantior **Brutus**, suffecit ponderi rerum; scias eum sentire quæ dicit.

Senecæ et multæ et magnæ virtutes fuerunt : ingenium facile et copiosum, plurimùm studii, multa rerum cognitio; in quâ tamen ali-

Qui doute que **Platon** ne mérite le premier rang parmi les philosophes, soit par la vigueur de sa dialectique, soit par son éloquence, homérique et véritablement divine?

Il s'élève en effet beaucoup au-dessus de la prose, et même de ce style que les Grecs appellent pédestre; à tel point qu'il me parait moins écrire sous l'influence d'un génie purement humain, que sous l'inspiration d'une divinité qui l'agite.

Mentionnerai-je **Aristote**, en qui je ne saurais dire ce qu'on doit admirer davantage, ou de sa science, ou de la multitude de ses écrits, ou de la suavité de son style, ou de la pénétration de son esprit, ou de la variété des sujets qu'il a traités?

Dans ce genre, les lettres Romaines n'ont produit jusqu'à ce jour que fort peu d'écrivains éloquents.

Là comme partout, M. **Tullius Cicéron** s'est montré le digne émule de Platon. Une haute éloquence, même de beaucoup supérieure à celle de ses oraisons, brille dans les traités philosophiques de **Brutus**; il soutient le poids de sa matière et l'on sent qu'il pense ce qu'il dit.

Sénèque a de belles qualités et en grand nombre. Un esprit facile et abondant, beaucoup d'étude et un grand fond d'érudition, mêlé néanmoins d'erreurs, ordinairement pro-

quando ab his, quibus inquirenda quædam mandabat, deceptus est. Tractavit etiam omnem ferè studiorum materiam : nam et orationes ejus, et poemata, et epistolæ et dialogi feruntur.

In philosophiâ parum diligens, egregius tamen vitiorum insectator fuit.

Multæ in eo claræque sententiæ, multa etiam morum gratiâ legenda ; sed in eloquendo corrupta pleraque, atque eò perniciosissima, quòd abundant dulcibus vitiis.

duites, il est vrai, par la faute de ceux qu'il chargeait de faire ses recherches. Il est peu de matières qu'il n'ait traitées : nous avons de lui des discours, des poésies, des lettres et des dialogues.

Comme philosophe il est peu exact, mais antagoniste déclaré du vice.

Il est plein de pensées éclatantes, et par rapport aux mœurs, sa lecture ne peut qu'être utile ; quant à son style, il est en général corrompu, et d'autant plus dangereux qu'il abonde en défauts aimables.

QUINTIL., *Inst. Orat.* X, 1.

XIII. Les épiques.

Homerum nemo in magnis rebus sublimitate, in parvis proprietate superaverit : idem lætus ac pressus, jucundus et gravis, tùm copiâ, tùm brevitate mirabilis ; non poeticâ modo, sed oratoriâ virtute eminentissimus.

Affectus quidem vel illos mites, vel hos concitatos, nemo erit tam indoctus, qui non in suâ potestate hunc auctorem habuisse fateatur.

Narrare verò quis breviùs, quàm qui mortem nuntiat Patrocli ; quis significantius potest, quàm qui Curetum Ætolorumque prælium exponit ?

Jam similitudines, amplificationes, exempla, digressus, signa rerum et argumenta, cæteraque quæ probandi ac refutandi sunt, ita multa, ut etiam qui de artibus scripserunt, plurimi harum rerum

Personne ne surpassa **Homère** en sublimité dans les grandes choses, en précision, dans les petites. Tour à tour fleuri et serré, tour à tour agréable et grave, également admirable par son abondance et par sa concision, il possède au plus haut degré toutes les qualités, non-seulement du poëte, mais de l'orateur

A l'égard des passions soit douces, soit violentes, quel est l'homme assez ignorant pour ne pas reconnaître que cet auteur les a maniées en maître ?

Où trouvera-t-on une narration plus brève que celle de la mort de Patrocle ; une description plus vive que celle du combat des Curètes et des Étoliens ?

Pour ce qui est des similitudes, des amplifications, des exemples, des digressions, des signes, des arguments, et de tout ce qui entre dans la confirmation et dans la réfutation, tout cela abonde tellement dans Homère, que la plupart des

testimonium ab hoc poeta petant.

Quid? in verbis, sententiis, figuris, dispositione totius operis, nonne humani ingenii modum excedit?

Virgilius, omnium ejus generis poetarum, græcorum nostrorumque, haud dubie proximus.

Utor enim verbis iisdem, quæ ex Afro Domitio juvenis excepi ; qui mihi interroganti, quem Homero crederet maximè accedere ; «secundus, inquit, est Virgilius, propior tamen primo, quàm tertio : » et herculè, ut illi naturæ cœlesti atque immortali cesserimus, ita curæ et diligentiæ vel ideò in hoc plus est, quòd ei fuit magis laborandum ; et quantùm eminentibus vincimur, fortasse æqualitate pensamus.

rhéteurs ont appuyé leurs préceptes de l'autorité de ce poëte.

Enfin si l'on regarde les mots, les pensées, les figures, la disposition de l'ouvrage entier, ne surpasse-t-il pas les bornes de l'esprit humain ?

De tous les poëtes épiques des deux langues, **Virgile** est sans contredit celui qui s'est rapproché le plus d'Homère.

Car je rapporterai ici les mêmes paroles, que j'ai entendues dans ma jeunesse de la bouche de Domitius Afer. Je lui demandais quel était le poëte qui, à son avis, approchait le plus d'Homère : « Virgile est le second, me dit-il, mais il est plus près du premier que du troisième : » Et, à dire vrai, si nous sommes obligés de céder la palme au génie céleste et surhumain d'Homère, Virgile est plus soigné et plus exact, par cela même qu'il eut à travailler davantage ; et ce que nous perdons du côté de la hauteur, peut-être le regagnons-nous du côté de l'égalité.

QUINTIL., *Inst. Orat.* X, I.

XIV. Les tragiques.

Tragœdias primùm in lucem **Æschylus** protulit, sublimis et gravis, et grandiloquus sæpè usque ad vitium, sed rudis in plerisque et incompositus. Propter quod correctas ejus fabulas in certamen deferre posterioribus poetis Athenienses permisere, suntque eo modo multi coronati.

Sed longè clarius illustraverunt hoc opus **Sophocles** atque **Euripides** ; quorum in dispari dicendi viâ uter sit poeta melior, inter plurimos

Eschyle peut être regardé comme le père de la tragédie. Il est sublime, grave, quelquefois grandiose jusqu'à l'excès ; mais il a peu connu l'art du théâtre, et pèche souvent contre les règles. Aussi les Athéniens ont-ils établi un concours pour la correction de ses pièces, entre les poëtes qui l'ont suivi ; ce qui a valu des couronnes à plusieurs.

Sophocle et **Euripide** ont porté infiniment plus loin l'art de la tragédie. Lequel des deux malgré la différence de leur caractère, l'emporte sur l'autre, c'est une question

quæritur : idque ego sanè, quoniam ad præsentem materiam nihil pertinet, injudicatum relinquo.

Illud quidem nemo non fateatur necesse est, iis, qui se ad agendum comparant, utiliorem longè fore Euripidem : namque is in sermone (quod ipsum reprehendunt, quibus gravitas et cothurnus et sonus Sophoclis videtur esse sublimior) magis accedit oratorio generi ; et sententiis densus, et in iis quæ a sapientibus tradita sunt, pænè ipsis par.

Et dicendo et respondendo cuilibet eorum, qui fuerunt in foro diserti, comparandus ; in affectibus verò quùm omnibus mirus, tùm in iis, qui miseratione constant, facilè præcipuus.

Souvent débattue et que, pour ma part, je laisse indécise, parce qu'elle est étrangère à mon sujet.

Il est néanmoins incontestable qu'Euripide est beaucoup plus utile que Sophocle à ceux qui se destinent au barreau : car outre que son style (et c'est précisément ce que blâment ceux à qui la gravité, le cothurne et le ton de Sophocle semblent avoir quelque chose de trop élevé) outre que son style, dis-je, se rapproche plus du genre oratoire, il est plein de sentences, et dans ce qui fait l'objet des préceptes de la philosophie, il est presque égal aux philosophes.

Enfin soit qu'il fasse parler ou répliquer ses personnages, je le trouve comparable aux orateurs les plus diserts, il me semble exceller dans l'art d'exciter toutes les passions et particulièrement la pitié.

QUINTIL., *Inst. orat.* X, I.

XV. Les lyriques et les satiriques.

Novem verò lyricorum longè **Pindarus** princeps, spiritus magnificentià, sententiis, figuris, beatissimâ rerum verborumque copiâ, velut quodam eloquentiæ flumine.

Parmi les neuf poëtes lyriques, **Pindare** l'emporte infiniment par l'enthousiasme, la magnificence des pensées, la beauté des figures ; par une merveilleuse abondance d'idées et de mots, et par le caractère de son éloquence, qu'on ne saurait mieux comparer qu'à un torrent.

Lyricorum (Romanorum) **Horatius** ferè solus legi dignus.

Nam et insurgit aliquando, et plenus est jucunditatis et gratiæ, et variis figuris et verbis felicissimè audax.

Quant aux lyriques Romains, **Horace** est presque le seul qui soit digne d'être lu.

Il s'élève quelquefois ; il est plein de charme et de grâce, varié dans ses figures, et d'une audace très-heureuse dans ses expressions.

Satira quidem tota nostra est, in quâ primus insignem

La satire est tout à fait nôtre, et **Lucilius**, qui le premier s'y est fait laudem adeptus **Lucilius** quosdam ita deditos sibi adhuc habet amatores, ut eum non ejusdem modò operis auctoribus, sed omnibus poetis præferre non dubitent.

Ego quantùm ab illis, tantùm ab Horatio dissentio, qui *Lucilium fluere lutulentum, et esse aliquid, quod tollere possit* putat : nam eruditio in eo mira et libertas, atque indè acerbitas, et abunde salis.

Multò est tersior ac purus magis **Horatius**, et ad notandos hominum mores præcipuus. Multùm et veræ gloriæ, quamvis uno libro, **Persius** meruit.

un grand nom, a encore aujourd'hui des partisans si passionnés, qu'ils ne font pas difficulté de le préférer non-seulement à ceux qui ont traité le même genre, mais encore aux poètes de tous les genres.

Pour moi, je suis aussi éloigné de leur sentiment que de celui d'Horace qui se borne à dire *que Lucilius dans son torrent limoneux renferme parfois des choses bonnes à recueillir* ; car je trouve en lui une érudition admirable, et un franc parler qui lui donne du mordant et beaucoup de sel.

Horace est beaucoup plus châtié et plus pur ; il excelle principalement dans la peinture des mœurs. **Perse** s'est acquis beaucoup de vraie gloire par une seule satire.

Quintil., *Int. Orat.* X, i.

XVI. Les orateurs.

PARALLÈLE DE DÉMOSTHÈNE ET DE CICÉRON.

Quorum ego virtutes plerasque arbitror similes, consilium, ordinem dividendi, præparandi, probandi rationem, denique, quæ sunt inventionis.

In eloquendo est aliqua diversitas : densior ille, hic copiosior; ille concludit astrictiùs, hic latiùs; pugnat ille acumine semper, hic frequenter et pondere; illi nihil detrahi potest, huic nihil adjici; curæ plus in illo, in hoc naturæ.

Salibus certè, et commiseratione, qui duo plurimùm affectus valent, vincimus.

A mon avis, ces deux orateurs se ressemblent dans la plupart de leurs qualités : même dessein, même méthode dans la division, dans la préparation et les preuves, en un mot dans tout ce qui tient à l'invention.

Quant au style, il y a quelque différence : l'un est plus précis, l'autre plus abondant ; l'un serre de plus près son adversaire, l'autre se met au large pour le combattre ; dans l'un c'est toujours la pointe de l'épée qu'il faut craindre, dans l'autre c'est souvent aussi le poids des armes ; il n'y a rien à retrancher dans l'un, rien à ajouter dans l'autre ; dans l'un le travail se fait plus sentir, dans l'autre la nature.

Nous l'emportons certainement par la plaisanterie, et le pathétique, deux ressorts puissants de l'éloquence.

Cedendum verò in hoc quidem, quod ille et prior fuit, et ex magnâ parte Ciceronem quantus est, fecit : nam mihi videtur M. Tullius, quum se totum ad imitationem Græcorum contulisset, effinxisse vim Demosthenis, copiam Platonis, jucunditatem Isocratis.

Nec verò quod in quoque optimum fuit, studio consecutus est tantùm, sed plurimas vel potiùs omnes ex se ipso virtutes extulit, immortalis ingenii beatissimâ ubertate.

Non in pluvias, ut ait Pindarus, aquas colligit, sed vivo gurgite exundat, dono quodam providentiæ genitus, in quo totas vires suas eloquentia experiretur.

Nam quis docere diligentius, movere vehementiùs potest ?

Cui tanta unquàm jucunditas affuit? Ipsa illa, quæ extorquet, impetrare eum credas, et, quum transversum vi suâ judicem ferat, tamen ille non rapi videatur, sed sequi.

Quare non immeritò ab hominibus ætatis suæ regnare in judiciis dictus est; apud posteros vero id consecutus, ut Cicero jàm non hominis nomen sed eloquentiæ habeatur.

Cependant il faut céder en ce point que Démosthène est venu le premier et qu'il a fait Cicéron en grande partie tout ce qu'il est; car il me semble que celui-ci en s'attachant tout entier à imiter les Grecs, s'est approprié et la force de Démosthène, et l'abondance de Platon, et la douceur d'Isocrate.

Toutefois, ce n'est pas seulement par l'étude qu'il est parvenu à emprunter à chacun d'eux ce qu'il avait de meilleur; la plupart des qualités qui le distinguent, ou, pour mieux dire, toutes, il les a trouvées en lui-même, dans la merveilleuse fécondité de son divin génie.

Car son éloquence, pour me servir d'une comparaison de Pindare, n'est point comme un réservoir d'eaux pluviales; c'est un torrent qui s'échappe d'une source vive et profonde ; on dirait que le ciel l'a donné à la terre pour montrer en lui jusqu'où peut aller la puissance de la parole.

Qui donne un enseignement plus exact et communique des émotions plus puissantes ?

En qui a-t-on jamais trouvé plus de grâce? Ce qu'il vous arrache vous croyez le lui accorder; il entraîne le juge, et celui-ci a plutôt l'air de le suivre que de céder à une force irrésistible.

Aussi est-ce à juste titre que ses contemporains l'ont proclamé le roi du barreau, et que, dans la postérité son nom est devenu non plus le nom d'un homme, mais le nom même de l'éloquence.

QUINT., *Inst. orat.*, X, I.

Ces dernières versions extraites de Quintilien, outre qu'elles fournissent aux élèves des expressions nombreuses, leur donnent encore sur les principaux auteurs classiques des appréciations généralement justes, qu'ils peuvent citer dans des compositions littéraires.

Ces citations nourrissent leur matière et sont une preuve d'érudition.

CHAPITRE III

ÉLÉGANCE DE LA TOURNURE LATINE.

On pourrait relire ici avec profit ce que nous avons dit de l'élégance des mots dans la première partie.

On appelle tournures élégantes celles qui rendent la pensée avec grâce et énergie.

Ici encore une des grandes sources d'élégance, c'est l'EMPLOI DES FIGURES. Nous avons traité déjà de l'élégance par les figures de *mots* (métaphore, catachrèse, etc.), nous avons à signaler maintenant les figures de *syntaxe* qui consistent non plus dans le choix des mots, mais dans leur alliance, ou autrement dit, dans le choix des *tournures*.

Nous indiquerons ensuite divers autres moyens pratiques pour acquérir la tournure élégante, même sans l'emploi des figures. Ce sera l'objet de *l'article second*.

ARTICLE PREMIER.

Élégance par l'emploi des figures.

Les principales figures de syntaxe sont l'ELLIPSE, — le PLÉONASME, — la SYLLEPSE, — l'EUPHÉMISME.

§ 1. L'Ellipse.

On sait que cette figure consiste dans l'omission régulière d'un ou plusieurs mots qui semblent nécessaires pour compléter la phrase.

Tantôt c'est le même mot qui devrait être répété dans plusieurs membres de phrases, et qui n'est exprimé qu'une fois : *Quid proximâ, quid superiore nocte* EGERIS? Qu'as-tu fait la nuit dernière? Qu'as-tu fait la nuit d'avant? (1ʳᵉ Catil.). — *Cæsar Pompeium vicit, Alexander Darium* (VICIT *sous-entendu*); César vainquit Pompée, Alexandre vainquit Darius.

Tantôt c'est un mot sous-entendu dans une LOCUTION. Ceux qu'on sous-entend le plus ordinairement sont parmi les :

I. Noms.

TEMPUS. — *In præsens,* maintenant, — *in eo esse ut,* être au moment de...

LOCUS. — *In abrupta rapere,* entraîner au précipice.

NEGOTIUM. — *Est regis,* c'est le devoir d'un roi.

VERBA. — *Ut pauca dicam,* pour être bref.

SERVI. — *Cum suis venit,* il arrive avec ses serviteurs.

PARTES. — *Primas tenere,* occuper le premier rang.

DII. — *Tibi faveant superi,* que les dieux d'en haut te protégent !

L'ellipse des noms autorisée en Français ne l'est pas toujours en Latin : beaucoup de savants, *multi viri docti,* — un brave, *vir fortis.*

II. Adjectifs.

On sous-entend élégamment les adjectifs POSSESSIFS, quand ils sont faciles à suppléer : j'ai passé *ma* vie dans l'étude de l'éloquence; *in eloquentiæ studio ætatem consumpsi.* (Cic.)

On omet SINGULI, Æ, A, dans *in horas,* d'heure en heure, — *in capita,* par tête.

III. Pronoms.

Is, TALIS, TANTUS ne s'expriment pas, surtout quand ils devraient être au même cas que leurs mots correspondants exprimés, *qui, qualis, quantus.* Exemples :

(Is) *felix est qui sapiens,* celui-là est heureux qui est sage. — *Discipulum maximè probo* (TALEM), *qualem te fore promisisti,* j'approuve grandement un disciple tel que nous l'espérons en toi.

Quand les cas sont différents, il est mieux d'exprimer *is, talis, quantus :* celui-là est heureux dont l'âme ne désire rien, *felix est* is cujus *animus nihil appetit.*

QUIDAM est sous-entendu dans *sunt qui credunt,* il en est qui croient;

ALIQUID dans *est quod te moneam,* il y a quelque chose dont je dois t'avertir.

IV. Verbes.

ESSE. — *Bonus* (EST) *qui virtutem colit* ; — *quid* (EST) *mihi tecum,* qu'ai-je à démêler avec toi? — On ne le sous-entend guère avec les participes passés passifs.

DICERE. — *Nec plura* (DICAM), je me tais. — *Tunc Cæsar : quid...* alors César dit : pourquoi... — *Quid multa,* pourquoi tant parler ?

CŒPIT. — Avec les infinitifs de narration : *Verres unum-quodque vas sumere, laudare, mirari,* Verres SE MET A prendre, louer, admirer chaque vase.

TESTOR. — *Proh deûm fidem !* j'en atteste la bonne foi des dieux.

SPECTAT. — *Quid ad me ?* Qu'est-ce que cela me fait?

CENSES. — *Quid ergo?* Que penses-tu donc ?

ROGO. — *Per deos immortales !* Je t'en prie par les dieux immortels !

Oportet. — *Mene incœpto desistere?* Faut-il que je renonce à mon projet?

V. Adverbes.

Magis. — Ce discours ressemblait plus à une prière qu'à des reproches, *oratio fuit precibus* (magis) *quàm jurgio similis*.

Non. — Après *non modò*. Non-seulement il n'est pas avare, il est même généreux, *non modò* (non) *parcus sed etiam liberalis est*. — Nous indiquons cette tournure plus pour la faire comprendre dans les versions que pour la faire imiter dans les thèmes.

VI. Prépositions.

Ante. — *Pridie* (ante) *calendas*, la veille des calendes.

In. — *Magnâ* (in) *spe sumus*, nous avons beaucoup d'espoir.

Ad. — (Ad) *id ætatis sumus ut,* nous sommes à une époque où...

On sous-entend devant le relatif la préposition exprimée devant l'antécédent : j'ai eu la même opinion que tout le monde, *in eâdem opinione fui* (in) *quâ omnes*.

VII. Conjonctions.

Ut. — Après certains verbes qui indiquent *devoir* ou *commandement :* (ut) *venias volo, necesse est, oportet,* il faut que tu viennes.

Ne. — Après *cave : cave cadas*.

Et. — Il se sous-entend dans les synonymes : *abiit, excessit, evasit*. — Quand deux mots renferment une idée contraire : *dignos* (et) *indignos amare*. — Quand deux personnes sont unies dans la même charge : *Pompeio* (et) *Crasso consulibus*.

§ 2. Le pléonasme.

Cette figure consiste à ajouter des mots qui semblent inutiles à l'expression de la pensée mais qui servent à l'orner et à la fortifier.

Tantôt c'est le même mot qu'il suffirait d'exprimer une seule fois et que l'on répète. Ex. : *nihil* agis, *nihil* moliris, *nihil* cogitas. — *In* Asiæ, *in* Europæ, *in* Africæ regionibus.

Tantôt ce sont des mots de surabondance dans une locution. Ceux que l'on rencontre le plus souvent sont parmi les :

I. Noms.

Ubi terrarum pour *ubi*, — *nusquam gentium*, nulle part, — *natura rerum*, la nature.

Oculis *vidi*, auribus *audivi*, pour insister sur le fait.

Beatam vitam vivere est un pléonasme très-hardi en prose ; dites plutôt *vitam* agere ou ducere.

II. Adjectifs.

Quidam. — *Incredibili* quadam *prudentiâ*, d'une grande prudence.

Hic. — Avec *meus* ou *noster :* hæc *nostra laus*, notre gloire.

Iste. — Avec *tuus* ou *vester :* ista *vestra laus*, votre gloire.

III. Pronoms.

Quisquam. — *Nullus quisquam* pour *nullus*.

Quicumque. — *Omnia quæcumque* pour *omnia*.

Omnes. — *Quisquam omnium* pour *quisquam*.

Quod. — *Quòd si, quòd utinam* pour *si, utinam*.

Ille — ajoute une idée d'éloge : *Tune ille Æneas?* Es-tu ce grand Énée ?

Iste — ajoute une idée de mépris : *Catilina* iste *qui...*

Is — ajoute une idée de force : *Vincula* eaque *sempiterna*, des liens éternels.

Hoc, illud — devant *ut :* hoc illud *te moneo ut,* je t'avertis de...

Mihi. — *Quid* mihi *Celsus agit ?* Que fait Celse ?

Tibi. — *Ecce* tibi *advenio,* voilà que j'arrive...

Sibi. — *Quid* sibi *vult hæc oratio ?* Que signifie ce discours ?

Se. — *Sese* pour *se.*

Nam. — Il s'ajoute élégamment à *quis : Quisnam venit ?* Qui est venu ?

Met. — Il s'ajoute au pronom personnel : *egomet, sibimet.* Il se place à tous les cas, sauf au nominatif singulier *tu,* et aux génitifs pluriels.

Ce. —Il s'ajoute au démonstratif *hic : hancce, hisce.* Il se place à tous les cas, sauf au datif *huic.* Quand on interroge, on remplace *ce* par *cine : Hunccine vidisti ?* (*Cine* ne se place pas après les cas qui finissent par un s, *hos, has...*).

Pte. —Il s'ajoute aux ablatifs singuliers de *suus : suopte.*

Les pronoms se répètent d'une manière élégante dans une énumération :

His hominibus qui *nos,* qui *conjuges,* qui *liberos nostros trucidare voluerunt.* — A ces hommes qui ont voulu nous égorger, nous, nos épouses, nos enfants...

Hoc *equites,* hoc *senatores,* hoc *omnes populi Romani cives crediderunt :* Voilà ce qu'ont cru les chevaliers, les sénateurs, tous les citoyens romains.

Te *Syracusani,* te *Mamertini,* te *Catinenses pernoverunt.* — Les Syracusains, les Mamertins, les habitants de Catane t'ont connu à fond.

IV. Verbes.

Le verbe aussi se répète élégamment dans une énumération : Au lieu de *Gallia, Italia, Senatus hoc negant,* on dit : NEGAT *Gallia,* NEGAT *Italia,* NEGAT *Senatus,* la Gaule dit *non,* l'Italie *non,* le Sénat *non.*

— Le participe présent formant pléonasme remplace élégamment le pronom : je le relève, je le suis, je lui accorde, se disent : jacentem *erigo,* euntem *sequor,* roganti *concedo.*

V. Adverbes.

SANÈ se place volontiers après *haud : haud sanè doctus,* non savant.

JAM se met devant *à* ou *ab* avec une idée de temps : dès sa première jeunesse, *jàm à primâ adolescentiâ.*

Une négation en entraîne quelquefois une autre qui ne change rien au sens : *neque nescio* pour *et nescio; nec nemo* pour *et nemo.* Cette remarque peut servir .à l'explication des auteurs, mais la tournure n'est pas à imiter.

VI. Prépositions.

Plusieurs prépositions se répètent élégamment après les verbes dans la composition desquels elles entrent, ce sont : *ad, cum, in, inter.* Exemples :

AD *laudes tuas* ADdunt, — IN *omnium animis* IMpressit *natura,* — *hominem* CUM *homine* COMparate, — *quid* INTERest INTER *vos.*

La préposition se répète élégamment dans une énumération, non-seulement devant les mots qu'elle régit (*de* patriâ, *de* fortunis, *de* vitâ agitur), mais encore devant chacun des mots qui complètent ceux-là, noms ou adjectifs :

Pro Romæ, *pro* patriæ, *pro* uniuscujusque nostrûm salute pugnatur.

De magnâ, *de* gloriosâ, *de* æternâ Româ agitur.

Même observation pour *in, ad, cum,* etc...

VII. Conjonctions.

SIC se place souvent devant les verbes *existimo, statuo,*

accipio, etc..., pour moi, j'estime que personne n'a eu... *ego* sic *statuo neminem habuisse...*

Potius et magìs s'ajoutent à *malle* et *præstare* : Il valait mieux la mort que l'esclavage, *emori* potiùs *quàm servire. præstaret...*

Tandem est élégant dans le sens de *donc* avec une interrogation : *Quousque* tandem *abutere Catilina...*, jusques à quand, Catilina, abuseras-tu donc...

La conjonction se répète élégamment dans une énumération :

_*Si* patriam, *si* deos penates, *si* jucundissimos liberos diligeret...

Vos quæso *ut* maturam, *ut* validam, *ut* constantem vim afferatis.

§ 3. La syllepse.

Cette figure consiste à faire accorder un verbe ou un adjectif, non pas grammaticalement avec le mot auquel il se rapporte, mais avec l'idée comprise dans ce mot.

— Tantôt c'est le nombre qui est ainsi modifié par les collectifs : *turba ruunt*, — *uterque exercitum educunt.*

Le pluriel avec les collectifs *juventus, populus*, etc., est plus hardi. Il est rare chez Cicéron, mais commun chez Tite Live : *Clamor inde populi mirantium* (pour *mirantis*), on entend alors les cris du peuple qui s'étonne.

— Tantôt c'est le genre.

Deux mille furent choisis, *duo millia electi* (pour *electa*), — *Capita conjurationis percussi sunt.* Tacite a été jusqu'à dire : *ubi est scelus* qui (pour quod) *me perdidit*, où est le crime qui m'a perdu ? *Scelus* est ici mis pour *scelestus*, criminel. Cet exemple et beaucoup d'autres ne sont pas à imiter en prose.

§ 4. L'Euphémisme.

Cette figure consiste à employer, pour exprimer une pensée désagréable, une tournure qui la rend moins choquante.

Minus, moins, employé pour *non: minus probus*, déloyal.

Tantum non, pour *il a manqué de :* Il a manqué de périr, *tantùm non periit ;* comme si l'on disait : Il a couru tous les dangers, *seulement* il n'est pas mort.

Le verbe *mourir*, lui-même, n'était souvent traduit que par des expressions vagues et adoucies : *fuit* (il a été), *obiit* (il a rencontré, *sous-entendu* la mort), *defunctus est* (il s'est acquitté, *sous-entendu* de la vie).

ARTICLE SECOND.

Élégance sans l'emploi des figures.

Observation générale :

Déjà nous avons remarqué que l'on traduit parfois les mots d'une famille par les mots d'une autre famille, les *adjectifs* par les *noms*, les *noms* par les *verbes,* etc.

Dans le génie de la langue française, le *nom* est le mot dont l'idée nous frappe le plus. En Latin ce privilége semble être accordé au verbe.

Aussi beaucoup de mots, *adjectifs*, *adverbes*, surtout les *noms,* sont remplacés élégamment par le *verbe.*

Soit au participe passé passif :
  Après la fondation de Rome, *post urbem conditam.*
  La lecture de ces livres plaît, *recitati libri delectant.*
  On pleura la mort de César, *occisus Cæsar dolori fuit.*

Soit au participe futur passif.
  Demander l'usage d'une chose, *aliquid utendum rogare.*

Parler du mépris de la gloire, *de contemnendâ gloriâ loqui.*

Soit aux GÉRONDIFS en *di* et en *do* .

L'élégance du style, *eloquendi gratia.*

Habile dans la discussion, *prudens in disserendo.*

Remarques particulières sur les :

§ 1. Noms.

Le nom est quelquefois préféré,

Soit à l'adverbe : *jure* pour *justè.*

Soit à l'adjectif : *hominum* pour *humanus.* — *Hoc est laudi, opprobrio* pour *hoc est laudabile, probrosum.*

En ce qui concerne les cas :

— Le GÉNITIF est élégant.

1. Après les superlatifs : *gravissimus philosophorum* (pour *philosophus*).

2. Après les adjectifs et les verbes, qui peuvent prendre encore un autre cas, comme *accuser, oublier, plein, semblable.*

— Le DATIF est élégant.

1. Avec le verbe *esse* : *est mihi liber*, j'ai un livre. — *Paulo nepos est,* il est le neveu de Paul.

2. Quand deux datifs sont rapprochés : hoc erit *tibi dolori;* — cela passera à la postérité, hoc ibit *memoriæ posteris* (pour *posterorum*).

— L'ACCUSATIF est préféré à l'ablatif dans les questions de temps et de lieu : *multos annos vixit.*

— L'ABLATIF absolu est très-élégant :

1. Avec des *participes*, employé alors pour une conjonction de temps : *his dictis* pour *quum hæc dicta fuerunt;* — *adventante hoste,* pendant que l'ennemi approchait.

2. Avec des *substantifs d'apposition :* Alexander, *Aristotele magistro,* mot à mot Alexandre, Aristote étant son maître...

3. Avec des *adjectifs —* soit unis aux noms : *Hannibale vivo,* du vivant d'Annibal, — soit unis aux pronoms : *me invito, te absente,* — soit seuls : multi, *quid peterent incerto* (sous-ent. *negotio*), beaucoup, ne sachant que demander, mot à mot : cette chose étant incertaine, *ce qu'ils demanderaient.*

Nota. Il faut éviter les génitifs et les ablatifs régis par d'autres génitifs et d'autres ablatifs : celebritas *nominis* Cæsaris, la gloire du nom de César. — Illo *telo* confosso, celui-là ayant été tué d'un trait.

§ 2. Adjectifs.

Il y a plusieurs manières élégantes de faire ressortir l'adjectif :

Le bon citoyen sera loué : civis, *si quis est bonus,* laudabitur, — civis, *et is bonus* (et celui-là bon), — civis, *ut quisque est bonus* (en tant que chacun est bon).

Il est parfois plus élégant que le nom : *more Gallico* (pour *Gallorum*); l'armée de Pompée, *Pompeianus exercitus;* — plus élégant que l'adverbe : Socrate but gaiment le poison, *Socrates hausit venenum* lætus; le loup voyage nuitamment, *lupus ambulat* nocturnus.

Alienus vaut mieux qu'*aliorum.* — *Multus* est d'excellente latinité dans certains cas : multus *est in laudando,* il loue beaucoup; *Ne in re notâ* multus *sim,* pour ne pas insister sur un point si connu.

Il y a des comparatifs élégants :

Major opinione, spe, plus grand qu'on ne le pensait, qu'on ne l'espérait. — *Sævior justo, æquo,* plus cruel qu'il ne devait. — *Tristior solito,* plus triste qu'à l'ordinaire.

Le **superlatif** est très-fréquent chez les Latins, dans Cicéron surtout; il donne aux phrases de l'ampleur et de la majesté. Le superlatif se traduit élégamment de plusieurs manières : il fut l'orateur le plus éloquent.

1. *Valde, imprimis, sane eloquens* orator fuit.
2. *Multò, longè, facilè, omninò eloquentissimus.*
3. *Eloquentiâ inter omnes polluit, valuit.*
4. *Unus omnium* fuit *eloquentissimus.*
5. *Ille quo nullus* fuit *eloquentior.*

§ 3. Pronoms.

1. Pronom **RELATIF** *qui, quæ, quod.*

— Il remplace le pronom démonstratif au commencement d'une phrase : *Quo facto,* cela étant fait.

— Il remplace les conjonctions *et, car, mais* :

Il vainquit Pompée *et* le tua : *Vicit Pompeium* QUEM *interfecit.* — Il fut puni *car* il était coupable : *Pœnâ affectus fuit,* QUI *nocens fuerit.*

Tous n'interprètent pas Héraclite de la même manière. Mais passons-le sous silence, puisqu'il n'a pas voulu qu'on comprît ce qu'il disait. — *Heraclitum non omnes interpretantur uno modo,* QUI *quoniam quid diceret, intelligi noluit, omittamus.*

Nota I. *Qui* pour *ille* au commencement d'une phrase, ne peut pas être suivi de *verò, autem... qui verò, quoniam quid diceret,* serait une faute grossière...

Nota II. Pour rendre l'idée de CAUSE représentée par *qui,* on place volontiers avant le relatif l'une des conjonctions *utpote* ou *quippe : Pœnâ affectus est,* QUIPPE QUI, UTPOTE QUI, *nocens esset,* en tant qu'il était coupable. Ces deux conjonctions veulent généralement le subjonctif, comme la conjonction *puisque* dont elles ont le sens.

2. Pronom DÉMONSTRATIF : *is, ille, ipse.*

— Le pronom neutre remplace quelquefois élégamment le substantif *chose* : cette *chose* se fait, *id, hoc fit.* Au génitif, au datif et à l'ablatif, il vaut mieux ajouter le nom : *ejus rei, huic rei, his rebus.*

— *Ipse* se rapporte élégamment au sujet plutôt qu'au régime : *me ipse castigo* pour *me ipsum.*

— Suivi d'un substantif qui qualifie l'idée précédente, le pronom s'accorde avec ce substantif, PAR ATTRACTION. Exemple :

Cela fut cause de la guerre, EA (pour ID) *causa belli fuit.*

— Le pronom gouverne parfois le génitif :

Soit avec un nom : *ad id* TEMPORIS (pour TEMPUS) *sumus,* nous sommes dans un temps où. Cette tournure n'est autorisée que si le pronom est au nominatif ou à l'accusatif, on dira *ei tempori* et non *ei temporis.*

Soit avec un adjectif : *hoc novi* pour *novum.*

NOTA I. Les adjectifs de la 1re et de la 2e déclinaison peuvent seuls se mettre au génitif, on dira *hoc utile...* Dans *hoc utilis,* on pourrait croire que *utilis* est au nominatif.

NOTA II. Ce génitif n'est pas autorisé même pour les deux premières déclinaisons, quand il y a deux adjectifs au lieu d'un. On dira : *hoc novum et inauditum.*

NOTA III. Les pronoms *quid* et *nihil* comportent aussi le génitif dans les mêmes conditions : *quid novi, nihil novi.*

§ 4. Verbes.

Nous disposerons nos remarques sur l'élégance des verbes, d'après les VOIX, les MODES, les TEMPS, les PERSONNES.

1. Voix.

— Le Français affectionne la forme *active,* le Latin au contraire préfère la forme *passive,* surtout quand le sujet du verbe est un nom de chose INANIMÉE OU ABSTRAITE. Ce sujet n'est pas supposé faire directement, par son activité propre, l'action exprimée par le verbe. Exemple :

La fatigue brise les corps; *corpora defatigatione franguntur.*

— L'infinitif passif est surtout élégant avec les verbes *jubeo, patior, volo, malo,* etc. Exemple :

Il les fit tuer, *eos interfici jussit.*

2. Modes.

Le SUBJONCTIF.

— Il remplace élégamment l'indicatif pour exprimer une idée avec réserve : *haud negaverim,* je ne nie pas; *hoc censeam,* je suis d'avis que.

— Il est préférable à l'impératif après NE : *Ne occidas,* ne tue pas. *Ne occide,* serait poétique.

Remarque.— Nous avons longuement parlé de l'emploi du subjonctif sous le rapport de la correction (page 82, etc.). En ce qui regarde l'élégance, il constitue une des questions les plus difficiles de la langue latine, tant il y a de nuances délicates dans l'usage qu'en ont fait les meilleurs auteurs.

On sait que ce mode est le mode du doute, de l'indécision. Or, observons que l'esprit des Romains, peut-être à cause de son excessive culture, les inclinait à ne s'exprimer qu'avec réserve sur les points qui nous paraissent à nous les plus affirmatifs.

Ils marquaient de ce doute :

1° Toute phrase qui dépendait d'une autre phrase *déjà subordonnée.* A leur avis, une phrase déjà subordonnée à une autre, ne pouvait pas avoir sous sa dépendance une pensée affirmative.

Aliquod est numen quo hæc reguntur, il y a une divinité qui régit le monde. On dira *reguntur,* parce que l'incidente *quo* dépend d'une principale. Mais il faudra dire : *perspicuum est* (il est clair) *esse aliquod numen quo hæc* RE-GANTUR, parce que l'incidente *quo* dépend de *esse*, qui lui-même, est subordonné à *perspicuum est*.

2° Toute phrase qui exprime la pensée d'*un autre*. On en est moins sûr que de la sienne. Ex. :

Diogène méprisait les richesses qui (*dans sa pensée*), ne pouvaient le rendre heureux. *Diogenes contemnebat divitias quæ se felicem reddere non* POSSENT.

L E PARTICIPE.

— Le PARTICIPE PRÉSENT est élégant :
1° Au datif : Pendant qu'il parlait, on lui annonça : *loquenti illi nuntiatum est...*
2° Comme tenant la place du NOM : *Spectantes, audientes*, pour *spectatores, auditores*.

En dehors de ces deux cas, il faut en être sobre et lui préférer, soit une conjonction : *quum, postquam*, etc., soit l'ablatif absolu.

— Le PARTICIPE PASSÉ PASSIF est élégant avec *habere :*
Connaître : *Habere cognitum*. — Avoir commencé : *Habere institutum*. — Tenir enfermé : *Habere inclusum*.

— Le PARTICIPE FUTUR ACTIF exprime élégamment la *volonté*, l'intention de faire une chose.
Il vint pour prendre la ville : *Venit urbem capturus*. — Je dois partir bientôt : *Mox profecturus sum*.

— Le PARTICIPE FUTUR PASSIF exprime élégamment la *nécessité*, l'obligation de faire une chose :
L'orateur doit observer trois règles : *oratori tria videnda*.
Il faut supporter la douleur : *Tolerandus est dolor*.
— Il remplace les gérondifs en DI et en DO.
Le temps de lire l'histoire : *tempus legendæ historiæ*.

En visitant la Gaule vous trouverez : *in Galliâ invisendâ invenies...*

— L'INFINITIF.

Il est élégant :

— Dans les infinitifs de narration (voir ellipse page 119, *cœpit*).

— Dans les formules exclamatives :

Faut-il que vous sachiez ! *Hoc vos scire !!!*

— Après les unipersonnels et le verbe *est :*

Vous pouvez partir, *proficisci licet.* — On trouve des gens qui, *videre est qui...*

A l'infinitif se rattachent le GÉRONDIF et le SUPIN.

Le GÉRONDIF[1] en *dum* avec *inter* est, dans les verbes neutres, plus élégant que le gérondif en *do :*

En discutant, en allant, en parlant, *inter disceptandum, eundum, loquendum.*

Le SUPIN[2] n'est guère élégant. Au lieu de *venio lusum,* dites : *ut ludam, ad ludendum, lusurus, ludendi causâ.* — Au lieu des supins en *u,* on emploie soit le gérondif avec *ad :* chose facile à juger : *ad judicandum facillima* (Cic.), — soit l'infinitif : *judicare difficile est,* — soit un substantif : *res cognitione dignæ* (Cic.).

NOTA. — Les seuls supins usités sont : *Auditu, cognitu, dictu, factu, inventu, memoratu* et quelques autres, soit après *nefas, fas, opus,* soit après les adjectifs *honnête, agréable, facile,* etc. — Quant aux autres supins que l'on rencontre en prose, on peut les considérer plutôt comme des substantifs à l'ablatif, parce qu'ils expriment la manière : *fœdum exitu ; locus difficilis aditu* (par l'accès).

---

1. De *gerendus,* qu'on doit faire. Les gérondifs sont la déclinaison de l'infinitif : *di* au génitif, *do* au datif et à l'ablatif, *dum* à l'accusatif.
2. De *supinus,* couché sans mouvement. C'est la forme du verbe sans le mouvement de l'action, et réduit à l'état de *nom.*

3. Temps.

— Le PRÉSENT s'emploie élégamment pour le passé dans une narration ; il rend le fait plus saillant, plus visible :

Hostis adest, vincit, abit.

— Le PASSÉ s'emploie pour le présent[1] dans le genre épistolaire. Les Latins du grand siècle se transportaient au moment où leur correspondant lirait la lettre, et ils mettaient parfois au passé ce qui était au présent dans le moment où ils l'écrivaient :

Je n'ai rien à vous dire : *nihil* HABEBAM *quod scriberem.*

Le passé s'emploie encore pour rendre une pensée plus rapide : *ostende, vicisti,* montrez-le et vous triomphez.

NOTA. — *Amatus fui* marque plus fortement le passé que *amatus sum.*

— Le FUTUR qui en français s'exprime parfois par le présent est souvent maintenu en latin :

J'espère vous voir, *spero vos visurum.*

Si vous venez, nous lirons, *si venies, legemus.*

Le futur antérieur est plus élégant que le futur simple devant un second futur : *si id feceris* (pour *faciam*), *gaudebo.*

4. Personnes.

La seconde personne du singulier au subjonctif est élégante, quand on parle en général :

On croirait, *credas* ou *crederes.*

En toute chose il faut être prudent, *prudentiam adhibeas semper.*

---

1. Avec *memini* on met également le présent pour le passé, quand celui qui se souvient a été l'auteur ou le témoin de l'action : *memini me legere* (ou *legisse*) *apud Ciceronem.* Mais on dirait *memini Cæsarem fecisse.*

Avant d'aborder l'étude des mots invariables, *adverbes*, *prépositions*, etc., citons encore quelques lignes de Rollin :

> « On entend par particules les prépositions, les conjonctions,
> » les adverbes, etc. Les particules contribuent beaucoup à la
> » force, à la délicatesse, à l'agrément de la langue latine et elles
> » en font sentir le tour et la propriété. Il arrive quelquefois, sans
> » qu'on s'en aperçoive, qu'on parle français en latin, en suivant
> » le même tour, le même arrangement, les mêmes façons de
> » s'exprimer que nous suivons dans notre langue et qui sont
> » absolument différentes dans la latine. »

Etant doué d'une si admirable sagesse, vous devriez... *præditus tam singulari sapientiâ, deberes...* serait à peine tolérable. Introduisez une préposition, dites : *pro tuâ singulari sapientiâ*, et vous donnez à votre phrase une touche véritablement latine.

De même pour les conjonctions : il avait quitté Rome et il revint à Paris. Sans *quum* ou *postquam*, vous ferez difficilement une bonne traduction, à moins de recourir à l'ablatif absolu : *Relictâ Româ.*

§ 5. Adverbes.

— L'adverbe est généralement moins élégant que l'adjectif et le verbe :

Avancez rapidement, *properate citi*, au lieu de *citò*.

Il lit volontiers, *legere gaudet*, au lieu de *libenter legit*.

— Il remplace avantageusement le nom accompagné du verbe *parler :*

Il parle avec concision, élégance, force; *breviter, ornatè, vehementer loquitur*.

— L'adverbe NON et en général le tour négatif est fort élégant en latin :

Non indoctus pour *doctus*. — *Haud ægre* pour *facile*. — *Non semel* pour *sæpe*. — *Nec non*[1] pour *et*. — *Neque verò non, neque tamen non* pour *verò, tamen*.

---

1. En bonne prose, *nec* est souvent séparé de *non* par quelque mot.

Nota. — Deux négations valent une affirmation, les exemples précédents le prouvent. Mais il faut remarquer que c'est la première négation qui détruit la seconde et de là, une grande différence de sens, selon que *non* est placé avant ou après le mot qu'il accompagne.

Non nemo, quelqu'un	*Nemo non*, tout homme
Non nulli, quelques-uns	*Nullus non*, tous
Non nihil, quelque chose	*Nihil non*, toute chose
Non nunquam [1], quelquefois	*Nunquam non*, toujours.

§ 6. Prépositions.

Nous indiquerons sommairement l'emploi élégant de quelques prépositions : *a, e, in, sub, præ, post, apud.*

A ou AB. — *Ab re est,* il est inutile. — *Ab hoste,* du côté de l'ennemi.

> Nota. — *Ab* s'emploie pour *a* : 1° devant les voyelles : *ab illo* ; — 2° devant B, R, S, J : *ab rege, ab Jove, ab Socrate.* — *Abs* s'emploie devant T : *abs te* ; devant c et Q : *abscondere,* cacher.

E ou EX [2]. — *E re publicâ est,* il est de l'intérêt public.

IN dans le sens d'*envers* : *pietas in parentes.*

SUB. — *Sub nocte,* pendant la nuit. — *Sub exemplo,* par l'autorité de l'exemple. — *Sub ipsâ profectione,* au moment du départ.

PRÆ pour comparer : *Capua præ Româ.*

POST, soit pour désigner le temps *futur* : dans dix ans, *post decem annos* ; — soit avec le *participe passé* : de mémoire d'homme : *post homines natos.*

APUD. — *Apud me,* à mes yeux. — On lit dans Cicéron, *apud Ciceronem legitur.*

§ 7. Conjonctions.

Et, se rend élégamment de diverses manières : *il est bon et sage.*

---

1. On dit aussi en un seul mot *nonnulli, nonnihil, nonnunquam.*
2. *Ex* se place devant les voyelles et les consonnes, *e* devant les consonnes seulement.

Et bonus *et* sapiens.

Bonus *idem* sapiens.

Ut bonus *ita* sapiens.

Non bonus *modò, sed etiam* sapiens.

Tùm bonus *tùm* sapiens.

> Nota. — Au lieu de *tùm tùm*, on emploie *quùm tùm*, lorsque la première idée est plus générale que la seconde : *quùm* omnes oratores, *tùm* præsertim Cicero...

§ 8. Interjections.

O, employé en prose, préfère l'accusatif au nominatif :
o me miserum !

En, ecce préfèrent au contraire le nominatif : *en ego...*

———

Nous finirons cette partie par quelques conseils pratiques sur les moyens d'acquérir la tournure latine.

Pour s'exprimer convenablement dans une langue, il faut l'habitude et, pour ainsi dire, la routine de cette langue. Si c'est une langue qu'on ne parle pas, il faut la lire dans ses modèles, la lire tous les jours, *nocturnâ versate manu versate diurnâ,* parcourez ces livres et le jour et la nuit. (Horace.)

Ce qu'Horace disait du Grec pour ses contemporains, nous devons le dire du Latin pour nous, avec d'autant plus de raison que nos programmes actuels d'études ont considérablement réduit le temps consacré autrefois à la composition latine. Un élève studieux parerait à cet inconvénient, en se réservant chaque jour un quart d'heure pour lire attentivement un auteur latin, où il remarquerait à la fois le bon choix des mots et les bonnes tournures : « De » même qu'en me promenant au soleil, dit Cicéron, je vois » bientôt mon teint se hâler, quoique je ne me promène » pas dans cette intention, ainsi, quand je lis attentivement

» ces ouvrages, je m'aperçois que leur style donne de la
» couleur au mien. »

S'il est bon de lire du latin, il est mieux encore d'en AP-
PRENDRE PAR CŒUR. On n'emploie que les tournures que l'on
a retenues, et nous ne doutons pas qu'un élève, qui porterait
dans sa mémoire cent pages de beau Latin, n'y trouvât à
peu près toutes les expressions et toutes les tournures dont
il peut avoir besoin.

Ce qui souvent déconcerte l'élève, c'est que sa mémoire
ne lui fournit pas toujours au premier appel le mot latin
qui correspond *directement* à l'expression française; et aussitôt le voilà interrogeant le dictionnaire, sans qu'il prenne
le temps de chercher dans ses souvenirs des expressions
équivalentes qu'il y trouvera presque toujours.

Prenons un exemple. On donne à traduire la phrase
suivante : C'EST LA LONGUE PRATIQUE DE LA VIE QUI NOUS
FOURNIT NOS CONNAISSANCES.

Cherchons les mots, puis les tournures.

C'EST LA... Lhomond nous dit que ce gallicisme ne se
rend pas en Latin.

LONGUE PRATIQUE DE LA VIE... Cela signifie l'expérience,
experientia; l'usage de la vie, *vitæ usus,* ou simplement
usus.

FOURNIT... se traduit par *præbet, tribuit, largitur.*

BEAUCOUP DE NOS CONNAISSANCES... équivaut à la connaissance, la science de beaucoup de choses, *multarum rerum
cognitio, scientia...*

Voilà les mots trouvés sans dictionnaire, arrivons aux
tournures.

Rien n'est flexible, docile comme une phrase latine. Nous
allons en donner la preuve en prenant successivement pour
sujet de la phrase chacun des mots qui la composent :

Avec le mot PRATIQUE comme sujet, nous avons :

EXPERIENTIA *multarum rerum scientiam tribuit.*

VITÆ USUS *ad multarum rerum scientiam viam aperit.*

USUS *multarum rerum est magister.*

Avec le mot NOUS comme sujet, nous avons :

Beneficio experientiæ valdè erudimur, expolimur, IN-
STRUIMUR.

Experientiâ docti, multarum rerum scientiam CONSE-
QUIMUR.

Ad multarum rerum scientiam, experientiâ duce, PER-
VENIMUS.

Avec le mot CONNAISSANCE comme sujet, nous avons :

Ab experientiâ rerum SCIENTIA *sumitur, hauritur.*

Usu vitæ magistro, MULTA *cognoscuntur.*

Avec le mot FOURNIR comme sujet, nous avons :

Rerum scientiæ POSSESSIO *in experientiâ ponitur.*

Universæ doctrinæ DONUM *nobis experientiâ defluit.*

Ce travail personnel, quelque imparfait qu'en soit d'ailleurs le produit, sera toujours plus fructueux pour l'élève
que tous les emprunts les plus habilement faits au dictionnaire.

TROISIÈME PARTIE
LA CONSTRUCTION LATINE

CHAPITRE PREMIER
PRINCIPES GÉNÉRAUX

OBSERVATIONS PRÉLIMINAIRES.

Toute phrase doit, pour être complète, renfermer un sujet, un verbe et un attribut : *Paul est savant.* — L'attribut n'est pas toujours formellement exprimé : *Paul écrit ;* mais cet attribut se retrouve si on décompose le verbe : *Paul est écrivant.*

Outre ces éléments essentiels, la phrase peut renfermer, quand le verbe est actif, un complément direct : Paul donne *un livre*, et un complément indirect : Paul donne un livre *à Pierre.*

Ce n'est pas tout encore. Le sujet, le verbe, les compléments sont souvent accompagnés de mots qui se rattachent à eux pour les modifier ou les compléter : Paul, *fils de Jean*, donne *avec empressement* un livre *plein de charmes* à Pierre *reconnaissant.*

Tous les éléments d'une phrase étant connus, nous nous demandons quelle place il faut assigner à chacun d'eux dans la construction de cette phrase ? Faut-il mettre en tête le sujet, ou le verbe, ou les compléments ? La construction est-elle libre, ou bien y a-t-il un ordre réglé ?

Distinguons ici deux catégories de langues.

Les unes, celles qui ont des déclinaisons, ont leurs sujets et leurs compléments régis par des RÈGLES DE SYNTAXE;

les sujets doivent se mettre au nominatif, les compléments
directs généralement à l'accusatif, et les compléments indirects, à d'autres cas déterminés par la grammaire.

Ces règles de syntaxe basées sur les déclinaisons rendent
inutiles les RÈGLES DE POSITION : que je dise *Petrus amat
Paulum* ou *Paulum amat Petrus*, la pensée ne change pas ;
à quelque place qu'ils se trouvent, *Petrus* reste sujet et
Paulum complément direct.

Mais si une langue n'a pas de déclinaison, et c'est la seconde catégorie à mentionner, si les mots *Pierre* et *Pau.*
ne prennent aucune distinction, suivant qu'ils sont régimes
ou sujets, comment alors reconnaître leur rôle ? *Paul aime
Pierre* et *Pierre aime Paul* ne sont pas du tout la même
chose.

On a établi que le mot qui est placé devant le verbe joue
le rôle de sujet, que celui qui est placé après lui joue le rôle
de régime. Il a fallu suppléer aux règles de syntaxe par des
règles DE POSITION.

La plupart des langues modernes sont dans ce dernier
cas. Chaque mot se range de lui-même à la place qui
lui est assignée par son rôle, et cette place ne comporte
presque pas de changement. « On voit *toujours* venir, dit
» Fénelon, un nominatif substantif qui mène son adjectif
» comme par la main, son verbe ne manque pas de mar-
» cher derrière, suivi d'un adverbe qui ne souffre rien
» entre deux ; et le régime appelle aussitôt un accusatif,
» qui ne peut jamais se déplacer. »

C'est bien là le fond de notre langue, c'est sa règle ; mais
cette règle comporte de nombreuses exceptions. Le verbe
ne marche pas *toujours* derrière le substantif : déjà *prenait*
l'essor cet aigle, dit Fléchier, — *restait* cette redoutable
infanterie, dit Bossuet.

Le complément direct est quelquefois en tête et le sujet
en queue : *quel livre lit Paul?*

Il est pourtant vrai de dire que les règles de position, quelque conciliantes qu'elles soient, enlèvent à notre langue une partie du charme de la variété, que les règles de syntaxe autorisent chez les Grecs et les Latins.

Si le Latin n'a pas de règles FIXES de position, faut-il conclure qu'il peut jeter ses mots au hasard ou les disposer au gré de son caprice? Ce serait une erreur. Il obéit à des principes plus larges ; ces principes existent, et nous allons énumérer les principaux d'entre eux.

Premier principe.

Le latin aime à tenir en suspens la pensée qu'il exprime, pour cela il recule aussi loin que possible les mots qui fixent le sens de la phrase.

De là plusieurs règles :

1re Règle.

LA PHRASE LATINE FINIT VOLONTIERS PAR LE *verbe*, PARCE QUE C'EST LUI QUI GÉNÉRALEMENT EN DÉTERMINE LE SENS.

Socrate but le poison, *Socrates venenum hausit.*

Le *régime direct* se place immédiatement avant le verbe, parce que c'est sur lui que le verbe exerce son action. Le *sujet* commence donc la phrase, et les *régimes indirects*, s'il y en a, prennent place entre le sujet et le complément direct : Après avoir soumis l'Asie, Cyrus porte la guerre aux Scythes, *Cyrus, subactâ Asiâ, Scythis bellum infert.*

2e Règle.

LES COMPLÉMENTS D'UN MOT SE PLACENT ORDINAIREMENT AVANT LUI.

Les compléments laissent en effet la pensée en suspens, jusqu'à ce qu'ait paru le mot qui les régit et les détermine.

Le génitif de possession et l'adjectif complètent le nom, on dira donc *Petri liber* plutôt que *liber Petri*, et *pulchra domus* plutôt que *domus pulchra*.

Seront dans le même cas :

Le complément de l'adjectif : *suâ sorte* contentus ; *vino* plenus.

Le complément du comparatif : *Petro* doctiorem.

Le complément du verbe : *Deum* amo.

Le complément de l'adverbe et de la préposition font exception : multùm *aquæ*, propter *vos*.

3e Règle.

LES PRONOMS ET ADJECTIFS QUE L'ON APPELLE CONSÉQUENTS, PEUVENT ÊTRE REGARDÉS COMME COMPLÉTANT LEUR ANTÉCÉDENT, ILS SE PLACENT AVANT LUI.

Quot flores, tot fructus ; — *quas* scripsisti litteras, eæ mihi fuerunt jucundissimæ.

Nous avons indiqué ce premier principe, parce qu'il faut un point de départ. Comme on le verra dans la suite, il comporte des exceptions à l'infini ; le besoin de la variété suffirait à lui seul pour imposer ces exceptions à chaque ligne. Les principes suivants sont plus précis.

Deuxième principe.

IL FAUT CONSULTER **l'importance des mots.**

On distingue deux espèces de mots IMPORTANTS : 1° Ceux qui présentent l'idée *principale* sur laquelle on veut insister ; 2° ceux qui font *image*.

1re Règle.

LE MOT PRINCIPAL SE MET GÉNÉRALEMENT LE PREMIER.

J'ai à traduire : *César vainquit Pompée à Pharsale.*

Si je veux exprimer que c'est César qui vainquit Pompée, qu'il fallut l'habileté de César pour triompher de ce général, je dirai : *Cæsar* Pompeium vicit ad Pharsalum.

Si je veux exprimer que Pompée lui-même, malgré sa puissance, dut se soumettre à César, je dirai : *Pompeium* Cæsar vicit...

Si je veux exprimer que César ne se contenta pas d'écarter Pompée du pouvoir ni même de le poursuivre, mais qu'il le vainquit, je dirai : *vicit* Pompeium Cæsar...

Si je veux exprimer qu'il ne put l'atteindre en Italie, mais qu'il dut le poursuivre, pour le vaincre, jusqu'à Pharsale, je dirai : *ad Pharsalum* Cæsar Pompeium vicit.

EXCEPTION :

LE MOT PRINCIPAL EST RÉSERVÉ POUR LA FIN DE LA PHRASE.

1° Lorsqu'on veut soutenir, accroître jusqu'au bout l'intérêt qui s'attache à l'idée.

Parlant de Catilina qui a passé la nuit dans l'ivresse. Cicéron dit : *lucebat jam ferè* (déjà il faisait jour), *procedit in medium* (il se lève), *vini, somni* PLENUS, rassasié de vin et de sommeil. Il en avait pris à l'excès, *plenus ;* tel est le sens de ce mot rejeté à la fin de la phrase.

2° Lorsque ce mot explique ce qui suit :

Gallia est omnis divisa in partes TRES ; le mot *tres* est suivi de l'énumération de ces trois parties.

2e Règle.

LE MOT QUI FAIT IMAGE SE MET GÉNÉRALEMENT LE PREMIER.

Quinte-Curce dit d'une tour que rien ne pouvait ébranler : *Stabat* turris præalta. *Stabat,* on croit la voir se dresser dans sa force.

Tite Live dit d'un homme, d'un père, qui succombe sous le poids de sa douleur : *Sedeo* miserrimus pater. *Sedeo,* ce malheureux nous apparaît tout d'abord dans l'attitude de la fatigue.

Tacite, dans le récit des funérailles de Germanicus, commence une phrase par *ululabant* mulieres... Cet *ululabant*, n'est-ce pas comme un bruit de gémissements qui sert de prélude au triste récit qui va suivre?

Cicéron, le grand peintre, devait connaître cette ressource si précieuse à son art, lui qui, bien mieux que Malherbe,

> D'un mot mis en sa place enseigna le pouvoir.

Ses *Catilinaires*, son *Pro Milone* sont remplis de beautés de ce genre.

S'il veut nous représenter le supplice de Gavius, il débutera ainsi : *cædebatur* virgis... Le premier spectacle qui nous frappe, c'est celui des fouets levés sur Gavius, *cædebatur*.

EXCEPTIONS :

LE MOT QUI FAIT IMAGE EST RÉSERVÉ POUR LA FIN DE LA PHRASE :

1° Quand l'idée qu'il exprime est comme le résultat de la phrase entière.

Les Horaces et les Curiaces sont en présence; ils se heurtent, *concursu;* les glaives retentissent, *increpuere arma...* A cette vue, que deviennent les spectateurs? *torpebat vox spiritusque,* la parole, la respiration même s'arrêtent sur leurs lèvres. Le dernier mot *spiritusque* ne semble-t-il pas faire entendre comme le dernier souffle d'une respiration qui reste suspendue?

2° QUAND PAR L'ÉNUMÉRATION ON A TENU DANS L'ATTENTE L'ESPRIT IMPATIENT DE CONNAÎTRE LE DÉNOUEMENT.

Dans une longue phrase, Cicéron a dépeint toutes les pompes, toutes les grandeurs, toutes les gloires du sénat romain ; qu'est devenu tout cela sous la main incendiaire de

Clodius ? *inflammari*. Ce mot qui couronne la période est d'un effet saisissant.

Troisième principe.

IL FAUT CONSULTER **l'ordre logique des idées.**

La phrase n'étant que l'expression de la pensée, il est évident que les mots qui représentent les idées, devront se ranger dans la phrase, comme les idées se sont rangées dans l'esprit.

De là plusieurs règles :

1re Règle.

DANS UN RÉCIT, LES MOTS SE SUCCÈDENT SUIVANT L'ORDRE MÊME DES FAITS QU'ILS RAPPORTENT.

L'exemple suivant montrera la supériorité du latin sur le français, en ce qui concerne cet ordre : *Les soldats emportèrent en toute hâte, au milieu des larmes et des sanglots, leur général blessé.*

Quelle est la succession des faits : le général est blessé ; ses soldats accourent ; ils pleurent ; leur douleur croissant, ils gémissent ; ils emportent le blessé.

Le français a tout mêlé[1], il a commencé sa phrase par l'idée de la fin, *les soldats emportèrent* ; il l'a finie par l'idée du commencement, *leur général blessé.* Le latin rétablira l'ordre régulier en disant : *vulneratum ducem festinantes, cum lacrymis atque gemitibus, milites abstulerunt.*

2e Règle.

LES MOTS QUI INDIQUENT LA CAUSE SE PLACENT AVANT CEUX QUI INDIQUENT L'EFFET.

---

1. Notre langue a besoin de beaucoup travailler la phrase pour arriver à respecter l'ordre des idées, mais elle y arrive : *Autour du blessé, s'empressent les soldats ; pleins de larmes et de sanglots, ils enlèvent leur général.* Nous faisons cette remarque pour engager les élèves à maintenir la marche du texte dans la traduction de leurs versions.

Dolore fractus occubuit, il mourut brisé par la douleur.
— *Iratus Cæsar omnes occidi jussit*, César irrité les fit tous massacrer. — *Ego te ob egregiam virtutem semper amavi;* et non pas *amavi ob....*

La douleur, la colère, la vertu sont ici les causes.

3e Règle.

LES MOTS QUI SE RAPPROCHENT DANS LA PENSÉE DOIVENT ÉGALEMENT SE RAPPROCHER DANS LA PHRASE.

Tels sont :
1° Les mots qui se lient : *tu mihi* gratus eris.
2° Les mots qui s'opposent : *viri muliebriter* agunt.
3° Les mots qui se répètent : *alius alium* odit.
4° Les mots qui forment énumération : *virtute prudentiâque* præditus.

REMARQUE GÉNÉRALE sur les trois premiers principes :
Nous avons distingué ces trois principes pour être plus clairs et plus complets. Nous aurions pu être moins bien compris, si nous avions pris comme base unique le principe de l'*ordre logique des idées*, et pourtant il nous serait facile d'établir que ce principe contient en germe les deux autres.

Montrons d'abord que *l'ordre des idées* explique à lui seul les règles énoncées dans le premier principe, *la suspension de la pensée*.

La phrase commence assez souvent par *le sujet;* n'est-ce pas lui en effet que l'esprit considère tout d'abord, puisque c'est lui qui va faire l'action?

Elle finit ordinairement par le *verbe;* ne convient-il pas de connaître à la fois et celui qui va faire l'action (*sujet*) et celui sur lequel elle va se faire (*régime*), avant de connaître l'action elle-même exprimée par le verbe ?

On dit *pulchra* domus; l'idée de beauté, la beauté idéale est antérieure à l'objet dans lequel cette idée vient résider.

Suâ sorte contentus; le sort est antérieur à la satisfaction qu'il produit. — *Vino* plenus, le vin existe avant de remplir le vase qui le contient.

Petro doctiorem; l'objet modèle existe avant qu'on le compare.

Quot flores, tot fructus; les fleurs ont précédé les fruits.

Quas scripsisti litteras, eæ mihi fuerunt jucundissinæ; la lettre était écrite, quand elle a été trouvée si charmante.

Bien d'autres exemples rattachés au premier principe donneraient lieu à la même remarque.

Et le principe de l'*importance des idées*, est-il lui-même bien différent de l'*ordre des idées?* L'idée la plus importante, qui se met généralement *en tête* de la phrase, n'est-elle point celle qui s'est aussi présentée la première à l'esprit?

Peut-être pourrions-nous ajouter, en abordant le principe de la *clarté*, que lui encore est bien solidaire de l'*ordre des idées*. Toute phrase sera claire, quand les idées s'y rangeront dans l'ordre même où l'esprit les conçoit.

Quatrième principe.

İL FAUT CONSULTER **la clarté.**

Ce principe ne manque pas non plus d'importance; on ne parle que pour se faire comprendre.

> Si ton esprit veut cacher
> Les belles choses qu'il pense,
> Dis-moi, qui peut t'empêcher
> De te servir du silence?   (MAYNARD).

Sans doute la clarté d'une pensée dépend beaucoup du

choix des mots, mais en latin elle tient plus encore à leur arrangement.

1re Règle.

ON NE DOIT SÉPARER DEUX MOTS QUI SE COMPLÈTENT, QUE PAR D'AUTRES MOTS QUI ONT UN RAPPORT ÉVIDENT AVEC L'UN D'ENTRE EUX.

Les mots qui se complètent sont :
1° Le nom et son complément génitif : *liber Petri*.
2° L'adjectif et le nom : *pulchra domus*.
3° L'adverbe et le verbe : *eleganter dicere*.
4° La préposition et son complément : *in urbe*.

Nous indiquerons plus loin dans les règles particulières quels sont les mots qui peuvent séparer les mots qui se complètent.

Nous n'insisterons pas ici sur cette règle de l'unité, au point de vue de la clarté.

Une phrase est d'autant plus claire que toutes ses parties se rattachent mieux entre elles. Si l'on mêle les mots sans ordre et sans méthode, on dépiste et on décourage l'esprit du lecteur. La règle suivante procède du même principe.

2e Règle.

IL FAUT ÉVITER LES RAPPROCHEMENTS AMPHIBOLOGIQUES.

La clémence de César surpassa la gloire que les armes lui avaient si difficilement acquise.

Si je traduis : Clementia *Cæsaris* gloriam armis comparatam *haud facile* exsuperavit, je crée deux amphibologies. *Cæsaris* peut tomber indifféremment sur *clementia* et sur *gloriam, haud facile* sur *comparatam* et sur *superavit*. Il aurait fallu dire : *Cæsaris clementia gloriam haud facile armis comparatam exsuperavit.*

Nota. — Le pronom relatif *qui, quæ, quod,* est surtout sujet à équivoque. Il doit suivre *immédiatement* le nom auquel il se rapporte, ou du moins il faut qu'il n'y ait entre eux aucun autre nom auquel on pourrait le faire rapporter.

J'ai lu hier ce livre qui m'a paru bon, *heri perlegi librum* qui *bonus visus est,* ou encore *heri librum perlegi* qui *bonus visus est.* Mais pour dire, j'ai donné à Pierre ce livre qui m'a paru bon, je devrais éviter de traduire : *hunc librum Petro dedi* qui *bonus visus est; qui* pourrait se rapporter à *Petro.*

Cinquième principe.

Il faut consulter l'harmonie.

Quintilien dit que l'harmonie est le chemin du cœur, et les traités littéraires de Cicéron, chefs-d'œuvre de bon goût et de gravité, ne dédaignent pas de s'étendre jusqu'aux plus minimes détails, sur les moyens de rendre harmonieuse la prose latine.

Deux choses constituent l'harmonie dans la construction d'une phrase, *l'euphonie* qui consiste à n'offrir à l'oreille que des sons agréables, et le *nombre* qui consiste à ranger habilement les mots d'après leur étendue.

1re Règle.

L'euphonie demande que l'on n'introduise pas dans le placement des mots un concours désagréable de sons.

Evitez le rapprochement des mots qui présentent les mêmes sons : *Dorica castra — hæc res mihi invisa visa est.*

Evitez l'hiatus formé de la rencontre des mêmes voyelles : *dare ei ensem — calida aqua.*

Evitez l'assemblage des mots qui amènent la rencontre des mêmes consonnes : *Ars studiorum — rex Xerxes.*

2º Règle.

LE NOMBRE DEMANDE QUE L'ON CHERCHE, DANS LE PLACE-MENT DES MOTS, A DISPOSER HARMONIEUSEMENT LES SYL-LABES.

— Il faut mêler les mots de diverses longueurs.

Les mots de même longueur sont désagréables, quand ils se suivent : *sol non est tam* calidus — *multos ego vidi bonos viros — innumerabilibus sollicitudinibus.*

— Il faut surtout soigner la *cadence* ou fin de phrase. Une phrase finit mal par une fin de vers : *ducere vitam, esse videtur* [1]. — Au contraire elle finit bien par des mots longs et sonores, tels que : les comparatifs, *ampliorem;* les superlatifs, *doctissimo;* les longs verbes, surtout au sub-jonctif : *videantur, habeatur.*

Cicéron rapporte qu'il a été souvent témoin des acclamations unanimes d'une assemblée, lorsque les pensées finissaient harmonieusement. Il cite un exemple frappant de l'effet produit sur un auditoire par cette phrase de Carbon : Patris dictum sapiens temeritas filii *comprobavit.* Il fait voir qu'en plaçant *comprobavit* au commencement de la phrase, tout l'effet est perdu.

Sixième principe.

IL FAUT CONSULTER la variété.

L'ennui naquit un jour de l'uniformité.   (BOILEAU.)

---

1. L'auteur du *Dialogue sur les orateurs* reproche à Cicéron d'abuser de la finale *esse videatur* et de la faire revenir de trois phrases en trois phrases : *tertio quoque sensu.* C'est une exagération.

1re Règle.

IL FAUT ÉVITER L'UNIFORMITÉ DANS LE PLACEMENT DES MOTS ESSENTIELS.

Nous avons dans le premier principe indiqué la place la plus ordinaire du sujet, du verbe et des régimes ; il faudrait bien se garder d'observer toujours la même disposition. Une phrase commence par le sujet, c'est une raison suffisante, indépendamment de toute autre considération tirée des principes que nous venons d'indiquer, pour commencer la phrase suivante par le régime ou par le verbe.

Néanmoins pour ce qui est du verbe, on peut assez persévéramment le rejeter à la fin de la phrase. Sur dix membres de phrase, Cicéron en finit au moins huit par des verbes. Qu'on en juge par les premières lignes du pro Ligario :

Novum crimen, Cæsar, et ante hunc diem *inauditum*, propinquus meus ad te Q. Tubero *detulit*, Q. Ligarium in Africâ *fuisse :* idque C. Pansa, præstanti vir ingenio, fretus fortasse eâ familiaritate, quæ est.ei tecum, ausus est *confiteri*. Itaque, quò me *vertam, nescio*. Paratus enim *veneram*, quum tu id neque per te *scires*, neque audire aliunde *potuisses*, ut ignoratioue tuâ ad hominis miseri salutem *abuterer*.

On remarquera que Cicéron présente ces verbes sous des formes variées ; c'est tantôt un indicatif, tantôt un subjonctif, tantôt un infinitif. En général pourtant, les verbes qui appartiennent aux incidentes, sauf les infinitifs de narration, se placent moins fréquemment à la fin des phrases, que les verbes qui appartiennent aux phrases principales.

2e Règle.

IL FAUT ÉVITER L'UNIFORMITÉ DANS LA DISPOSITION DES DIVERS MEMBRES D'UNE ÉNUMÉRATION.

Exemple : La philosophie guérit les *esprits*, ôte les vaines *inquiétudes*, délivre des *passions*, chasse les *craintes*. — Ne placez pas constamment le nom à la suite du verbe, comme en français, mais dites : medetur *animis*, inanes detrahit *sollicitudines, cupiditatibus* liberat, pellit *timores*.

3° Règle.

IL FAUT ÉVITER L'UNIFORMITÉ DANS LES SONS.

Ne dites pas : *illi viri optimi*. — On a blâmé ce vers de Cicéron : o *fortunatam natam, me consule, Romam* ! Le son *um* se répète pourtant avec complaisance dans certaines phrases qui réclament de l'ampleur et de la gravité. Quand Cicéron foudroie de sa haute éloquence, les crimes de Verrès, il termine ainsi une de ses phrases : non sacrilegum sed hostem sacrorum religionumque; non sicarium sed crudelissimum carnificem civium sociorumque, in vestrum judicium adduximus. — Il y a je ne sais quelle majesté dans le génitif pluriel latin.

Septième principe.

IL FAUT CONSULTER l'usage.

> *Si volet usus*
> *Quem penes arbitrium est et jus et norma loquendi.*

« Si l'usage le veut, lui qui est l'arbitre, le juge, le régulateur de la langue. » Tels sont les titres par lesquels Horace salue l'autorité de ce maître, souvent bizarre, toujours tout-puissant.

Nous avons vu que le choix des mots et les tournures ont beaucoup à faire avec lui. La construction lui échappe davantage, il ne laisse pourtant pas de lui imposer quelques lois.

Quisque accompagnant *suus*, ou un superlatif, ou un adjectif numéral, se place après eux : suus *quisque*, sapientissimus *quisque*, quintus *quisque* annus.

Nedum se place au dernier membre de phrase : malus est, *nedum* bonus, et non pas : *nedum* bonus, malus est.

Ne quidem encadre le mot auquel il se rapporte : *ne* pater *quidem*, pas même son père.

Les mots négatifs se mettent avant les mots affirmatifs : *nullus* unquam ou *nunquam* ullus — *nemini* quidquam.

Les mots ont une place déterminée et invariable dans certaines formules : *Populus romanus; Jupiter optimus maximus; magister equitum; terrâ marique*, etc...

Les titres suivent les noms propres : Cicerone *consule;* Crasso, Tatio *prætoribus*.

Quant aux prépositions et aux conjonctions, nous y reviendrons dans les règles particulières.

———

Tels sont les principes généraux de la construction latine. Nous ne prétendons pas que l'application en soit des plus faciles.

Elle serait facile si chaque principe avait son terrain propre où il fût seul à gouverner; dans une phrase ce serait l'ordre logique, dans une autre l'importance des mots, dans une troisième l'harmonie. Mais le malheur est qu'une même phrase doit parfois obéir à tous les maîtres ensemble. L'harmonie, la clarté, la variété doivent, en effet, se rencontrer partout, et bien souvent il faut leur adjoindre un ou plusieurs des autres principes.

Pour comble d'embarras, ces principes réunis entrent en conflit, et commandent des choses contraires. Prenons un exemple : *Vaincu par Achille, Hector était traîné dans la boue.*

D'après le premier principe je traduirai, en commençant par le sujet : *Hector,* ab Achille victus, per lutum trahebatur.

Mais l'importance des mots proteste; ce sont les mots *per lutum,* qui montrent toute l'indignité du traitement infligé au brave Hector, il fallait donc dire : *per lutum* trahebatur, ab Achille victus Hector.

L'ordre logique parle à son tour. Hector fut vaincu avant de subir le châtiment de sa défaite ; dès lors il serait mieux de traduire : *ab Achille victus* trahebatur...

Mais l'image serait si saisissante, si l'on débutait par *trahebatur...*

Comment accorder des prétentions si contraires? On peut dire, en général, que le principe qui doit primer les autres, est celui de l'importance des mots. La clarté, l'harmonie, la variété peuvent d'ailleurs faire toujours avec lui bonne société; quand l'ordre logique n'est pas possible, on le sacrifie.

CHAPITRE II

RÈGLES PARTICULIÈRES.

Plusieurs de ces règles particulières ne sont que l'application des principes généraux que nous venons d'énoncer ; nous les reprendrons en partie pour les rendre plus claires et plus complètes : les élèves les consulteront avec profit.

Mais auparavant nous devons redire que rien n'est plus flottant que la construction latine. Les règles particulières, surtout celles que nous allons tracer, varient comme varient toutes les formes de la pensée, toutes les exigences de l'harmonie et de la clarté.

Ces règles, quelque peu précises qu'elles soient, peuvent

néanmoins servir de point de départ et de jalons à des observations utiles que feront les élèves sur les auteurs qu'ils étudient.

ARTICLE PREMIER.

Le nom.

§ 1. Le nominatif.

Le nominatif est sujet, il suit les règles générales ; il occupe assez souvent le commencement de la phrase.

§ 2. Le génitif.

— Il se place ordinairement après les mots suivants :
L'ADJECTIF : avidus *gloriæ*, patiens *laboris*.
LE PRONOM : quid *boni*.
L'ADVERBE : plus *suavitatis*, nihil *mali*.
— Il se place avant le nom possédé : *Petri* domus. Excepté :
1° Si le nom possédé est monosyllabique : lux *solis*.
2° S'il y a deux noms possédés : domus et ager *Petri*.
3° Si le nom possesseur est accompagné d'un adjectif : Domus *Alexandri magni*.
4° S'il y a deux génitifs, dépendant l'un de l'autre : princeps *hujus ætatis philosophorum*, le prince des philosophes de ce temps.

§ 3. Le datif.

Il se place élégamment au commencement de la phrase :
Au moment où Antoine machinait la mort de Cicéron, il lui arriva que... ANTONIO, *Ciceronis mortem molienti, accidit ut*... On tourne : à Antoine machinant... il arriva que...

§ 4. L'accusatif.

Il est souvent complément direct du verbe et suit les règles générales. Sa place ordinaire est près du verbe.

§ 5. Le vocatif.

Il se place après le pronom qui l'amène : *obtestor vos,
Romani;* — *ad mortem te, Catilina.*

Il aime à se trouver même après le pronom de la première ou de la troisième personne : *quod quidem ego,
Brute...*

§ 6. L'ablatif.

Il suit les règles générales. Il commence la phrase, s'il est
important : *crudelitate* odium omnium suscepit.

L'ABLATIF ABSOLU se met au commencement de la phrase,
s'il a rapport à ce qui précède : *re intellectâ, Cæsar continuò milites suos jussit esse in armis,* quand il eut compris
cette situation, César mit immédiatement ses soldats sous
les armes.

Souvent l'ablatif absolu dépend du verbe principal et se
place immédiatement avant lui : *stulti, obversante malorum
memoriâ, torquentur,* les méchants sont tourmentés par le
souvenir des maux qu'ils ont faits.

ARTICLE SECOND.

L'adjectif.

§ 1. Adjectif qualificatif.

— Il se place généralement avant le nom : *magnus* exercitus, — *dulcis* mater.

— Il se place après le nom :

1° Quand il est notablement plus long que le nom : fama
perpetua.

2° Quand il y a deux adjectifs : jura *divina atque humana.*

3° Quand l'adjectif est accompagné d'un adverbe : oratio valdè *longa.*

— L'adjectif qualificatif se sépare élégamment du nom :

1° Par un génitif : magna *Demosthenis* eloquentia.

2° Par un pronom : magnâ *me* molestiâ liberabis.

3° Par un adverbe : oratio *valdè* longa.

4° Par des mots importants : magnum *animo cepi* do-
loiem.

— L'adjectif de nombre se met après le nom : equites
centum, patria *una.*

— Le COMPARATIF et le SUPERLATIF, ayant souvent de l'importance, se placent ordinairement au commencement ou
à la fin de la phrase : *miserrima* est omninò ambitio, — quid
est tam breve quam vita etiam *longissima.*

— Dans le corps de la phrase, ils se placent souvent
après le nom : honores *amplissimos* obtinuit.

§ 2. Adjectif indéfini.

— Il est élégant au commencement d'une phrase, principalement avec quelque particule entre lui et le substantif :
Nullum igitur vitium; *omnes* autem philosophi.

— Dans le corps de la phrase il se place élégamment
entre l'adjectif qualificatif et le nom : leve *nullum* crimen.

Quand il n'y a pas de qualificatif, l'adjectif indéfini se
place après le nom : laus *omnis,* ratione *nullâ.*

§ 3. Adjectif possessif.

— Il se place élégamment entre l'adjectif qualificatif et
le nom : insigni *tuâ* prudentiâ, — ou entre une préposition
et le nom : à *tuo* scelere abhorret.

— En dehors de ces deux cas, il suit souvent le nom :
iracundia *tua,* hostium *suorum.*

§ 4. Adjectif démonstratif.

Puisqu'il a pour rôle de montrer le nom, il doit naturellement se placer avant lui : *eâ* lege, *hoc* lumen.

Pourtant *ille* et *ipse* se placent souvent après le nom :
Vir *ille* fortissimus, doctores *ipsi.*

ARTICLE TROISIÈME.

Le pronom.

— Les pronoms aiment à se rapprocher entre eux : *tu mihi* gratus eris ; *se ipse* occidit. — Ils recherchent aussi le voisinage de l'adjectif possessif : merita erga *me tua ; suus eum* pater remuneratus est.

— Le pronom PERSONNEL se place fort bien après l'infinitif, l'adjectif, le participe, qui se rapportent à lui : ne contemni *te* putes, — sapientem *te* si præbueris.

Il en est de même du pronom réfléchi : inde redituros *se* arbitrabantur.

— Le pronom DÉMONSTRATIF se place toujours vers le début de la phrase : *is* fuit iratus ; — tùm *ille*...

— Le pronom RELATIF se place élégamment avant son antécédent : *quas* scripsisti litteras, *eæ* (antécédent) mihi fuerunt jucundissimæ. (Voir 1ᵉʳ principe général, 3ᵉ règle.)

Si l'antécédent de *qui, quæ, quod,* est dans la phrase précédente, *qui, quæ, quod,* mis alors pour *ille,* se place de toute rigueur en tête de la phrase. J'ai parlé antérieurement de César et j'ajoute : *alors il attaqua les Gaulois,* je traduirai : *tùm ille* Gallos invasit, ou *qui tùm* Gallos invasit. *Tùm qui* serait fort mauvais.

ARTICLE QUATRIÈME.

Le verbe.

Il se trouve généralement à la fin de la phrase. (Voir les principes généraux.)

Assez souvent l'INFINITIF se place immédiatement avant le verbe qui le détermine : *abundare* potest, *venire* ausus est.

Les verbes *opinor, puto, fateor, quæso, ait,* sont fort élégants, si on les isole au milieu de la phrase. Au lieu de *quæso* ut patri consulas, dites : patri, *quæso*, consule. Au lieu de *tunc ille* **ait** : *nullus ex vobis est qui...* dites : *tunc ille : nullus,* **ait,** *ex vobis est qui...*

Le verbe ESSE mérite quelques observations :
— Il aime le début de la phrase : *est* autem vitium quod,
    — *fuit* ista quondam pernicies.
— Il occupe le second rang, quand il accompagne un adjectif, et principalement un comparatif ou un superlatif : facile *est,* — miserrima *erit...*
— Dans les temps composés d'un participe et du verbe *esse,* celui-ci se place assez souvent le premier, et l'on met quelques mots entre lui et le participe : honores quos *eramus* gradatim singulos *assecuti* (pour *assecuti eramus*).

ARTICLE CINQUIÈME.

Les mots invariables.

§ 1. Les adverbes.

— L'adverbe se place auprès des mots, adjectifs, verbes, qu'il modifie : *Parùm docilis ;* — *dicit eleganter.*
— Il se place généralement avant eux, surtout quand il est double : orationem *sanè* elegantem; — *accuratè eleganterque* dicam.
NOTA : *Non* précède toujours le verbe : qui laborare *non* vult, alendus *non* est.

§ 2. Les prépositions.

— La préposition se place généralement avant son complément : *per* viam, *in* agendo, *propter* vos. Plusieurs pourtant se placent après lui : *tenus, versus, cum* accompagné d'un pronom personnel : aurium *tenus,* vobis*cum.* — Des auteurs ont dit : viam *propter,* ripam *ad* Araxis, Scythas *inter.* Ce n'est pas à imiter.

— Les mots qui peuvent séparer la préposition de son complément sont :

1° Les conjonctions qui *ne* se placent qu'après un mot : post *verò* Syllam, circa *autem* muros.

2° Les mots qui se rapportent au complément, — soit le génitif : inter *sociorum* jura, — soit l'adverbe : ad *rectè* gerendum, — soit l'adjectif : inter *varias* opiniones. (L'adjectif pourtant se place élégamment avant la préposition : *summo* cum imperio, *septem* post dies).

Nota : Certains auteurs ont séparé la préposition de son complément par d'autres mots que ceux que nous avons signalés. Cicéron a dit : *in bella gerentibus*, chez ceux qui font la guerre. Il faut éviter cette construction ; ainsi que cette autre de Tite Live, rappelant les paroles de Pacuvius à son fils Pérolla : mon fils, je t'en conjure au nom des liens qui unissent les pères aux enfants, *ego te, fili, precor per jura quæcumque liberos parentibus jungunt.* Tite Live construit ainsi cette phrase : *per ego te*, fili, quæcumque jura liberos jungunt parentibus precor. L'historien a voulu exprimer par le désordre des mots le trouble qui agitait l'âme de Pacuvius. — Cette construction a été employée par quelques autres auteurs.

§ 3. Les conjonctions.

— Il est des conjonctions qui se placent toujours au premier rang de la phrase : *sed, at, nam, et, neque, aut, sive, sin, quòd, verùm, quare, quamobrem, etsi, namque, etenim,* etc.

— Il est des conjonctions qui, tout en pouvant occuper le premier rang, sont mieux placées au second, surtout si le premier mot est, — ou un pronom : hoc *postquam* dixit ; qui *quoniam* venit, — ou le mot important : virtus *quoniam* mirationem rapit.

— Il est des conjonctions qui se placent toujours après un mot : *autem, verò, enim, tamen :* tu *verò*, vos *tamen.*

Elles se placent après le second mot : 1° si le premier mot est une préposition monosyllabique : de Româ *autem* agitur ; 2° si le second mot est le verbe esse : incredibile est *enim*.

Nota : Les particules *que* (pour *et*); *ve* (pour *aut*) ; *ne* interrogatif, se placent aussi après le second mot, si le premier est une des prépositions monosyllabiques *ad, ob, ab* : *ad Lutetiam ad Romamque* pour *adque Romam.* Les autres prépositions peuvent être suivies de ces particules : *eque, perve, postne.*

— Enfin il est d'autres conjonctions qui se placent assez souvent dans le corps de la phrase : *si, ut, cùm, dùm, ne :* Hoc nos *si* facere volumus; — patriam valdè miseram *quùm* revisit.

— Il est des locutions conjonctives dont les membres s'isolent dans la construction :

Non s'isole élégamment de *solùm, modò, etiam :* non tu *solùm, sed* ego *etiam.*

Quàm s'isole élégamment dans les conjonctions de temps : *antè* venit *quàm* pour *antequam* — *postea* verò *quàm.*

Nota : N'isolez jamais *quàm* dans les conjonctions de comparaison : *plus quàm, magis quàm, potius quàm...*

QUATRIÈME PARTIE

LA PÉRIODE LATINE

La langue française aime en général les phrases courtes et coupées ; ce qui, avec la précision de ses mots, contribue puissamment à la rendre plus claire et plus rapide.

La langue latine au contraire, préfère une allure moins vive et pour ainsi dire plus sénatoriale. Au lieu d'énoncer la pensée par parties égales et détachées, qui ont pour résultat de fractionner l'attention, elle réunit comme en un faisceau autour d'une idée principale toutes les idées secondaires, de manière à maintenir la pensée dans une unité, qui fait sur l'esprit une impression plus forte et plus profonde. Donnons un exemple :

Il arrive en toute hâte ; il envahit le camp ; il étonne ses ennemis par son courage ; il les met en fuite.

Voilà quatre pensées qui se suivent; le français les tient isolées, le latin va les réunir et les fondre dans une même phrase :

Quum properus advenit, tùm, castris expugnatis, hostes fugat tantâ virtute obstupefactos.

S'il faut admettre que le français est plus clair et plus rapide, il est incontestable que le latin est à la fois plus grave et plus énergique.

Nous diviserons en sept chapitres tout ce que nous avons à dire sur la période : DÉFINITION, ESPÈCES, CONSTRUCTION, FORMATION, LIAISON, IMITATION, USAGE.

CHAPITRE PREMIER

DÉFINITION DE LA PÉRIODE.

On appelle *période :* LA RÉUNION DE PLUSIEURS MEMBRES DE PHRASE, D'UNE CERTAINE ÉTENDUE, LIÉS ENTRE EUX DE TELLE FAÇON QUE LE SENS NE S'ACHÈVE QU'A LA FIN DE LA PHRASE.

Expliquons chaque partie de cette définition. Nous avons dit :

1° LA RÉUNION DE PLUSIEURS MEMBRES DE PHRASE.

Deux membres au moins sont nécessaires. Quelque étendu qu'il soit, un seul membre de phrase ne peut constituer une période. *Pierre, Paul, Jean, etc... par l'élévation de leur intelligence, par la droiture de leur caractère, par la générosité de leur cœur, etc., ont su mériter, conquérir, etc... la confiance, la sympathie, l'admiration, etc... de leurs concitoyens.* Cette phrase peut multiplier à plaisir ses sujets, verbes, régimes, elle deviendra démesurément longue, mais elle ne sera jamais périodique.

Si je dis tout simplement : *Cet homme, qui témoignait d'une intelligence élevée, sut conquérir l'estime de tous,* je fais une période, parce que je crée deux membres de phrase, l'un : *Cet homme sut conquérir,* etc., et l'autre : *qui témoignait d'une intelligence,* etc.

2° D'UNE CERTAINE ÉTENDUE.

Le but de la période étant d'ajouter à l'harmonie et à la majesté du style, elle manquerait ce résultat, si elle était trop courte. *Fac ut venias,* ne peut être appelé une période, bien qu'on y trouve deux membres de phrase : *fac | ut venias.*

On convient généralement que pour qu'une phrase puisse être dite périodique, il faut que ses divers membres réunis, comptent à peu près une dizaine de mots : *Fac ut ad amicum, quem inter omnes diligis, venias.*

3° LIÉS ENTRE EUX DE TELLE FAÇON QUE LE SENS NE S'ACHÈVE QU'A LA FIN DE LA PHRASE.

Le mot période signifie en grec, *circuit, contour,* marche *arrondie, enveloppante.* C'est un cercle qui embrasse tous les membres de phrase concourant au développement d'une même pensée, et ne se ferme qu'avec le dernier mot de la phrase entière.

La phrase suivante ne serait pas une période : *hanc orationem habuit; tùm summa alacritas et cupiditas belli gerendi innata est;* c'est ainsi qu'il parla; alors une joie immense et le désir de combattre s'emparèrent de tous les esprits. — Après *habuit* le sens peut se suspendre, et la pensée peut paraître complète. Mais il en sera tout autrement si je rétablis la phrase de César : *hac oratione habitâ, summa alacritas et cupiditas belli gerendi innata est. Hac oratione habitâ,* présente un sens non fini.

Pour constituer une période, il faut donc au moins deux membres de phrase, dont le premier, incomplet par lui-même, appelle nécessairement le second.

CHAPITRE II

LES DIVERSES ESPÈCES DE PÉRIODE.

Les deux membres de phrase nécessaires pour constituer la période sont, ou *deux principales,* c'est-à-dire deux phrases qui peuvent être indépendantes l'une de l'autre; ou une *principale unie à une ou plusieurs incidentes* qui lui sont nécessairement subordonnées.

De là deux espèces de périodes : 1° la période qui n'est composée que de PRINCIPALES ; 2° la période composée d'une PRINCIPALE UNIE A UNE *ou* PLUSIEURS INCIDENTES.

ARTICLE PREMIER.

Périodes à principales.

Il ne suffit pas que ces principales se suivent, il faut de plus qu'elles soient liées entre elles ; *hæc studia secundas res ornant, adversis perfugium ac solatium præbent,* ces études sont un ornement dans la prospérité, elles sont dans l'adversité un refuge et une consolation. — Ces deux phrases séparées ne forment pas période.

Il ne suffit même pas qu'elles se rattachent l'une à l'autre par une seule conjonction : *Hæc studia secundas res ornant* ET *adversis perfugium,* etc. La phrase ainsi établie peut encore se suspendre après *ornant* et présenter un sens complet.

Mais si je dis : *Hæc studia* ET *secundas res ornant,* ET *adversis,* etc., ou encore : *hæc studia* TUM *secundas res ornant,* TUM *adversis,* etc. Voilà la période ; la première conjonction appelle la seconde et avec elle le membre de phrase qui lui appartient.

Plusieurs principales formeront donc période, quand chacune d'elles présentera une conjonction, qui suppose dans les autres principales des conjonctions correspondantes.

Ces conjonctions correspondantes sont le plus souvent :

1° ET, ET ; — ET *me saucium recreavit* ET *me prædâ donavit.*

— Ou les synonymes de *et :* TUM, TUM, d'un côté, de l'autre ; NON SOLUM, SED ETIAM, non-seulement, mais encore : NON SOLUM *me saucium recreavit,* SED ETIAM *prædâ donavit.*

2° NEQUE, NEQUE ; — NEQUE *abire voluit* NEQUE *venire potuit.*

3° AUT, AUT ; — AUT *vos ad pugnandum incitabit virtus,* AUT *ad ulciscendum dolor injuriæ coget,* AUT *advocabit gloria ad clarescendum,* — ou votre courage vous engagera à combattre, ou votre ressentiment criera vengeance, ou la gloire vous invitera à vous illustrer.

4° MODÒ, MODÒ ; — MODÒ *vi obruebat ignavos,* MODÒ *fortes ære tentabat,* MODÒ *utrosque domabat insidiis,* tantôt il broyait les faibles par la force, tantôt il alléchait les puissants par l'appât de l'or, tantôt il soumettait par la ruse les uns et les autres.

5° PRIMUM, DEINDE, DENIQUE ; — PRIMUM *deos æquo animo invocate,* DEINDE *rem etiam atque etiam videte, sententiam* DENIQUE *jure pronuntiate,* tout d'abord invoquez les dieux en dehors de tout préjugé, puis examinez la cause avec le plus grand soin, et prononcez votre sentence en toute équité.

6° PARS, ALII, CÆTERI ; — PARS *verò defuncti dotes egregias commemorabant,* ALII *mortis genus disserebant,* CÆTERI *nocentibus quàm maxima mala deprecabantur.* — Les uns rappelaient les belles vertus du défunt, les autres parlaient de son genre de mort, les autres appelaient sur les meurtriers les plus terribles châtiments.

Ou bien, PARS répété : PARS *aversos in muris invadunt hostes,* PARS *claustra portarum revellunt,* PARS *inferunt ignes.* (TITE LIVE.)

ARTICLE SECOND.

Périodes à incidentes.

Les incidentes qui concourent à la formation de la période prennent généralement l'une des quatre formes qui suivent : la CONJONCTION, le PRONOM RELATIF, l'INFINITIF, le PARTICIPE et le GÉRONDIF.

— 1° LA CONJONCTION.

Elle indique :

La CAUSE : *quia, quoniam,* parce que; *cùm,* puisque; *quòd,* de ce que.

Le BUT : *ut,* afin que; *sic,* suivi de *ut,* de manière que, au point que; *ne,* afin que ne pas.

La CONDITION : *si,* si; *nisi,* à moins que; *dùm,* pourvu que.

La CONCESSION : *etsi, quanquam, quamvis,* quoique, bien que.

La COMPARAISON : *sicut, quemadmodum, tanquam, quasi,* ainsi que, de même que; *potius quàm,* plutôt que.

Le TEMPS : *cùm,* lorsque; *ubi,* dès que; *antequàm,* avant que; *postquàm,* après que; *dùm,* jusqu'à ce que.

Le LIEU : *ubi,* où; *unde,* d'où.

La QUANTITÉ : *quàm, quantùm, quoties...*

— 2° Le PRONOM RELATIF : *qui, quæ, quod.*

Cette forme est aussi très-fréquente : *hæc verba, quæ in senatu habuisti.*

NOTA. — Il faut assimiler à *qui, quæ, quod,* certains autres mots conjonctifs : *quicumque, qualis, quot, quantus...*

— 3° L'INFINITIF.

Exemple : *istum Româ abire jubet. Istum Româ abire* est une incidente.

— 4° Les PARTICIPES ET GÉRONDIFS.

Hostes undique CIRCUMVENTI, *se in fugam dederunt,* environnés de toutes parts, les ennemis prirent la fuite.

Surtout les participes avec ablatif absolu : *fortunâ* REFLANTE, *dubia facta est victoria,* la fortune changeant de face, la victoire devint douteuse.

Exemple de gérondifs : *noctu diuque* PERGENDO, *Asiam lustravit,* en marchant jour et nuit, il parcourut l'Asie.

Parfois la période ne renferme qu'une seule incidente, comme dans la plupart des exemples que nous venons d'énumérer ; d'autres fois elle en renferme plusieurs.

S'il y a plusieurs incidentes, elles peuvent DÉPENDRE LES UNES DES AUTRES, comme dans les exemples qui suivent :

C'est mal agir que de poursuivre à prix d'argent une chose que l'on devrait conquérir par son courage — *malè se res habet,* CUM, QUOD *virtute effici debet, id tentatur pecuniâ. Cum id tentatur pecuniâ,* première incidente, a sous sa dépendance la seconde incidente, *quod virtute effici debet.*

Vous gémirez quand vous verrez égalée au niveau du sol cette ville qui, sans la colère et la vengeance des dieux, serait encore debout dans son orgueil. — *Lugebitis vos,* CUM *hanc civitatem solo æquatam esse videbitis,* QUÆ, NISI *dii,* IRA AUCTORE, *ipsi sævissent, adhuc staret superbissima.*

Il y a là 5 incidentes : la 1ʳᵉ (*cum videbitis*) régit la 2ᵉ (*solo æquatam esse hanc urbem*). Celle-ci régit la 3ᵉ (*quæ adhuc staret superbissima*). Celle-ci régit la 4ᵉ (*nisi dii ipsi sævissent*). Celle-ci régit la 5ᵉ (*irâ auctore*).

Disons tout de suite que les périodes de ce genre ne sont pas toujours des plus claires. On suit parfois difficilement la pensée dans cette succession graduée d'incidentes qui, comme dit Quintilien, s'enchevêtrent les unes dans les autres, se ramifiant comme les branches d'un arbre où l'on passe des plus grosses aux plus petites. Il faut donc se garder de multiplier outre mesure ces incidentes subordonnées les unes aux autres. Telle phrase de Cicéron ou de Tite Live qui en présente sept peut rester claire ; mais un élève est déjà bien habile quand il en emploie convenablement trois ou quatre.

La période suivante est beaucoup plus facile à pratiquer ; c'est la période par *énumération.*

La PÉRIODE PAR ÉNUMÉRATION consiste à multiplier les incidentes qui se *juxtaposent* au lieu de se *subordonner*, et répètent la même forme dans le développement de la même pensée : — *vir* QUI *a malo declinat,* QUI *rectum assequitur,* QUI *rationi magis quàm naturæ consulit, is meritò sapiens habetur ;* celui qui se détourne du mal, qui cherche le bien, qui écoute la raison plutôt que la nature, voilà le vrai sage.

NOTA. — Le relatif *qui* pourrait se sous-entendre sans changer la nature des incidentes : *vir qui a malo declinat, rectum assequitur, rationi,* etc.

Exemples de périodes diverses par ÉNUMÉRATION D'INCIDENTES.

§ 1. Enumération d'incidentes avec des conjonctions.

— CONJONCTION DE CAUSE :

Minturnenses coloni, QUÒD *C. Marium ex civili errore atque ex impiis manibus eripuerunt,* QUÒD *tecto receperunt,* QUÒD *fessum inediâ fluctibusque recreârunt, æternâ in laude versantur.* (CIC.)

Les habitants de Minturnes, pour avoir dérobé Marius aux fureurs de la guerre civile et au fer sacrilége des assassins, pour lui avoir donné un asile, pour avoir restauré ses forces épuisées par la faim et les flots, se sont acquis une gloire éternelle.

— CONJONCTION DE BUT.

Illud perficiam profectò, Quirites, UT *ea quæ gessi in consulatu privatus tuear atque ornem,* UT, *si qua est invidia in conservandâ republicâ suscepta, lædat invidos, mihi valeat ad gloriam.* (CIC.)

Je ferai du moins en sorte, Quirites, que les actes de mon consulat trouvent dans ma vie privée leur défense et leur apologie, et que les haines que j'ai pu m'attirer en sauvant la patrie, ne blessent que mes ennemis et tournent à ma gloire.

— CONJONCTION DE CONDITION.

SI *quam opinionem jam vestris mentibus comprehendistis,* SI *eam ratio convellet,* SI *oratio labefactabit,* SI *denique veritas extorquebit, ne repugnetis.* (CIC.)

Si vos esprits sont déjà prévenus de quelque opinion, si cette opinion vient à être combattue par la raison, si elle est ébranlée par mes discours, si elle est arrachée de vos âmes par la vérité, ne résistez pas à l'évidence.

— CONJONCTION DE CONCESSION.

ETSI *labores periculaque adierunt,* ETSI *dubias res toleraverunt,* ETSI *contempserunt crudelissimam mortem, illos nemo laudibus exornavit.*

Bien qu'ils eussent affronté toutes les fatigues et tous les dangers, bien qu'ils eussent traversé les situations les plus critiques et méprisé la mort la plus cruelle, personne ne leur a décerné des éloges.

— CONJONCTION DE COMPARAISON.

QUEMADMODUM *temperantia sedat omnes appetitiones, et efficit ut hæ rectæ rationi pareant, conservatque considerata judicia mentis* (3 incidentes dépendant de quemadmodum); SIC *huic inimica intemperantia, omnem animi statum inflammat, conturbat, incitat.*

De même que la tempérance apaise toutes les passions, les soumet au joug de la droite raison, et conserve à l'esprit le calme de ses appréciations, de même l'intempérance qui lui est opposée apporte dans l'âme l'incendie, le trouble et l'irritation.

— CONJONCTION DE TEMPS.

CUM *vos considero, milites, et* CUM *facta vestra existimo, magna me spes victoriæ tenet.* (SALL.)

Quand je vous considère, soldats, quand je regarde vos hauts faits, je me sens saisi d'un immense espoir de vaincre.

— Conjonction de lieu.

Revisas oportet hanc domum, ubi *parentes vitam exhalarunt,* ubi *ipse in lumen susceptus es,* ubi *à parvulo ad juvenem vixisti.*

Reviens donc visiter cette maison, où ton père et ta mère ont rendu le dernier soupir, où toi-même tu as vu le jour, où tu as écoulé ta vie depuis ta plus tendre enfance jusqu'à ta jeunesse.

— Conjonction de quantité.

Quis mihi jure succenseat, si, quantum *cæteris ad res suas obeundas,* quantum *ad festos dies ludorum celebrandos,* quantum *ad alias voluptates et ad ipsam requiem animi et corporis conceditur temporis,* tantum *mihi egomet ad hæc studia recolenda sumpsero?* (Cic.)

Qui pourrait me reprocher de rendre et d'accorder à ces études, autant de temps que d'autres consacrent, soit à traiter leurs affaires, soit à célébrer des jeux, soit à se procurer des plaisirs, soit à goûter le repos de l'esprit et du corps?

§ 2. Énumération d'incidentes avec le **relatif** *qui.*

Nous joignons à *qui, quæ, quod* les interrogatifs *quis, quæ, quid; quot; quantus.*

Sic nos in his hominibus qui *nos,* qui *conjuges,* qui *liberos nostros trucidare voluerunt,* qui *singulas uniuscujusque nostrûm domos et hoc universum reipublicæ domicilium delere conati sunt,* qui *id egerunt, ut gentem Allobrogum in vestigiis hujus urbis atque in cinere deflagrati imperii collocarent.*

Ainsi en serait-il de nous à l'égard de ces hommes qui

ont voulu nous égorger, nous, nos femmes et nos enfants, qui ont entrepris de détruire et les foyers de chacun de nous, et la commune habitation du peuple romain, qui ont manœuvré pour établir les Allobroges sur les ruines de notre ville, sur la cendre de l'empire embrasé.

Operæ pretium erat scire QUI *hostes adessent,* QUOT *legiones* QUANTASQUE *opes ad bellum comparassent.*

Il importait de savoir quels ennemis on avait devant soi, de combien de légions et de quelles ressources ils disposaient pour la guerre.

—Parfois ces pronoms ou adjectifs interrogatifs sont entremêlés de conjonctions du même genre, *quàm, quantùm :*

Vide QUAM *sit varia vitæ commutabilisque ratio,* QUAM *vaga volubilisque fortuna,* QUANTÆ *infidelitates in amicis,* QUAM *ad tempus aptæ simulationes,* QUANTÆ *in periculis fugæ proximorum,* QUANTÆ *timiditates.*

Considérez à quelles variations, à quels changements la vie est sujette, quelle est l'inconstance et la légèreté de la fortune, quelles infidélités on éprouve de la part de ses amis, quelles perfidies s'accommodent des circonstances, combien nos parents mêmes sont timides et prompts à nous abandonner dans le danger.

§ 3. Énumération d'incidentes avec l'infinitif.

Si est boni consulis, cùm cuncta reipublicæ auxilia LABEFACTARI CONVELLIQUE *viderit,* FERRE *opem patriæ,* SUCCURRERE *saluti fortunisque communibus,* IMPLORARE *civium fidem, suam salutem posteriorem salute omnium* DUCERE *; est etiam bonorum et fortium civium, quales vos omnibus reipublicæ temporibus exstitistis,* INTERCLUDERE *omnes seditionum vias,* MUNIRE *præsidia reipublicæ, summum in consulibus imperium, summum in senatu consilium* PUTARE.

Si donc un consul digne de ce titre, lorsqu'il voit saper et arracher les fondements sur lesquels repose l'État, doit

protéger la patrie, combattre pour la sûreté et la fortune
de tous, faire appel à la fidélité des citoyens, oublier son
salut pour le salut commun ; il est aussi du devoir des bons et
courageux citoyens, tels que vous vous êtes montrés toutes
les fois que la République s'est trouvée en péril, de fermer
toute voie à la sédition, de fortifier les remparts de la République, de croire que toute la puissance exécutrice appartient aux consuls, et que toute la sagesse délibératrice
réside dans le Sénat.

§ 4. Énumération d'incidentes avec des **participes** et des **gérondifs**.

Pater OCCISUS *nefariè, domus* OBSESSA, *ab inimicis bona*
ADEMPTA, POSSESSA, DIREPTA ; *filii vita* INFESTA, *sæpe ferro
atque insidiis* APPETITA : *quid ab his tot maleficiis sceleris
abesse videtur?*

Le père indignement égorgé, la maison envahie, ses
biens usurpés, possédés, pillés par ses ennemis, les jours
du fils attaqués, les poignards levés contre lui, mille piéges
tendus à sa vie, quel genre de scélératesse manque à tant
de forfaits ?

At barbari, consilio Romanorum COGNITO, PRÆMISSO *equi-
tatu, reliquis copiis* SUBSECUTI, *nostris navibus exire prohi-
bebant.*

Mais les barbares, informés du plan des Romains, lan-
cent en avant leur cavalerie qu'ils suivent avec toutes
leurs troupes, pour empêcher les nôtres de débarquer.

Quum te neque principes civitatis ROGANDO, *neque majores
natu* MONENDO, *neque frequens senatus* AGENDO, *de venditâ
atque addictâ sententiâ movere potuit, illud necessariò tibi
vulnus inflictum (fuit) quod paucis ante te.*

Les prières des chefs de l'État, les avertissements des
vieillards, les instances d'un sénat nombreux, n'avaient pu
vous arracher à la pensée de vous vendre et de vous livrer ;

alors on fut obligé de vous appliquer une mesure rarement
employée avant vous. (2e Phil. xxi.)

Tels sont les deux genres principaux de périodes : la période exclusivement composée de principales, la période
composée d'une principale et d'une ou plusieurs incidentes.
Nous pourrions ajouter la période composée de *plusieurs*
principales unies à des incidentes, nous ne multiplierons
pas les exemples outre mesure.

CHAPITRE III

CONSTRUCTION DE LA PÉRIODE.

Les principales se placent les unes à la suite des autres,
d'après le développement de la pensée.

Il ne peut être ici question que de la place des incidentes,
laquelle est soumise à des règles générales et à des règles
particulières.

ARTICLE PREMIER.

Règles générales.

Les principes que nous avons établis dans la 3e partie
pour la construction des mots, valent pour la construction
des membres de phrase.

Premier principe.

**Le sens de la pensée devant rester suspendu
jusqu'à la fin, la période finira par la phrase principale.**

Il est bon pourtant que quelque mot de la phrase principale commence la période, pour appeler immédiatement

l'attention; l'incidente sera ainsi placée dans le corps même de la principale, et la phrase sera *périodique,* parce que la principale, par son commencement et sa fin, enveloppera les diverses incidentes.

1ʳᵉ Règle.

SI L'INCIDENTE A LE MÊME SUJET OU LE MÊME RÉGIME QUE LA PRINCIPALE, ON PLACE EN TÊTE CE SUJET OU CE RÉGIME, ET L'INCIDENTE IMMÉDIATEMENT APRÈS LUI.

Quand Métellus s'aperçut que son entreprise échouait, il s'éloigna de Zama. *Métellus* est sujet de l'incidente *s'aperçut* et de la principale *s'éloigna,* on construira donc : *Metellus, postquàm videt frustrà incœptum, ab Zamâ discedit.*

Quand les éclaireurs eurent aperçu l'ennemi, aussitôt les Germains l'attaquèrent. *L'ennemi* est le régime de l'incidente *eurent aperçu,* et de la principale *attaquèrent : hostem, postquàm senserunt exploratores, Germani subito prœlio aggressi sunt.*

2ᵉ Règle.

SI LE RÉGIME DE LA PRINCIPALE EST SUJET DE L'INCIDENTE, ON PLACE EN TÊTE CE RÉGIME, ET L'INCIDENTE IMMÉDIATEMENT APRÈS LUI.

Comme les Lusitaniens lui avaient envoyé un ambassadeur jusqu'en Gaule, il leur laissa l'espoir du pardon. *Les Lusitaniens* est le sujet de l'incidente *avaient envoyé,* et le régime de la principale *laissa : Lusitanis, quum ad eum usque in Galliam legatum misissent, spes salutis advenit.*

3ᵉ Règle.

SI LE SUJET DE LA PRINCIPALE EST RÉGIME DE L'INCIDENTE, IL FAUT CHERCHER UNE TOURNURE QUI DONNE A L'INCIDENTE

LE SUJET DE LA PRINCIPALE, ET CE SUJET COMMENCE LA PHRASE.

Comme on reprochait à Socrate sa doctrine, il se défendit : *Socrate,* sujet de *défendit,* est régime de *reprochait.* On prend alors la forme passive et l'on dit : *Socrates, quum de doctrinâ* ACCUSARETUR, *causam suam defendit.*

NOTA : On pourrait, en respectant davantage la forme française, commencer par le sujet et le faire reparaître dans l'incidente comme pronom : *Socrates,* quum *eum* de doctrinâ accusarent, causam suam defendit. Mais cette période est beaucoup moins bonne que la précédente.

Deuxième principe.

IL FAUT CONSULTER **l'importance des incidentes.**

Une incidente qui renferme une pensée sur laquelle on veut arrêter l'attention, se place en tête de la période. *Si parentes, si patriam toto animo diligis,* necesse est ut. — *Odio incitante,* ad hoc concilii venit ut. — Cet amour de la famille, de la patrie, ce stimulant de la haine, sont des pensées que l'on veut rendre saisissantes.

Troisième principe.

IL FAUT CONSULTER **l'ordre logique des idées.**

1re Règle.

DANS UN RÉCIT, LES MEMBRES DE PHRASE SE SUCCÈDENT SUIVANT L'ORDRE MÊME DES FAITS QU'ILS RAPPORTENT.

Après qu'ils furent arrivés, ils parlèrent ; *postquàm advenerunt, locuti sunt.*

La ville ayant été prise, à quelle immense joie ils se livrèrent ! *Captâ urbe, quantâ in lætitiâ bacchati sunt !*

2ᵉ Règle.

LES MEMBRES DE PHRASE QUI INDIQUENT LA CAUSE, SE PLA-
CENT AVANT CEUX QUI INDIQUENT L'EFFET.

Ils devinrent savants par l'étude des belles lettres, *in
studiis litterarum versati, docti evaserunt.* Il eut du regret
d'avoir commis une faute, *quòd culpam commiserit, doluit.*

3ᵉ Règle.

LES MEMBRES DE PHRASE QUI SE RAPPROCHENT DANS LA
PENSÉE, DOIVENT ÉGALEMENT SE RAPPROCHER DANS LA CON-
STRUCTION.

— On place, par conséquent, au début de la période,
une incidente qui se rattache à la phrase précédente.

His cognitis, cela étant connu; *quod ubi factum fuit,*
quand cela fut fait; *tantâ re attoniti,* effrayés d'une telle
situation, ils...

— On place à la fin de la période une incidente qui se
rattache à la phrase suivante.

Pour éloigner Annibal, Scipion passa en Afrique; à cette
nouvelle, le Carthaginois se retira frémissant de rage. *Sci-
pio in Africam trajecit,* UT ANNIBALEM DEDUCERET. *Qui hoc
nuntio frendens irâ recessit.* Pour que la seconde phrase pût
commencer par *qui,* il fallait rapprocher de *qui* son antécédent, *Annibalem.*

Quatrième principe.

IL FAUT CONSULTER la clarté.

1ʳᵉ Règle.

LES INCIDENTES SE DISPOSENT DE FAÇON A ÉVITER L'AM-
PHIBOLOGIE.

Hanc urbem tam diù habitatam, *quia perdulcis est,* noli

deserere. *Quia perdulcis* tombe-t-il sur *habitatam* ou sur *noli deserere?*

Est-ce parce qu'elle est très-agréable, qu'elle a été long-temps habitée; ou bien est-on invité à ne la pas quitter, parce qu'elle est très-agréable? Le premier sens exigerait la construction suivante : hanc urbem tam diu, *quia per-dulcis est,* habitatam. Le second exigerait : noli, *quia per-dulcis est,* deserere.

2e Règle.

La principale ne doit pas être coupée par une incidente trop longue.

Autrement il arrive que l'esprit, détourné par l'incidente, a perdu de vue le commencement de la principale, quand il en retrouve la fin.

Qui putat magnam doctrinam sine ingenio præclaro, sine industriâ indefessâ, sine libris optimis posse comparari... errat. Celui qui pense acquérir une grande science sans une intelligence distinguée, sans un labeur infatigable, sans la lecture des meilleurs auteurs,..... celui-là se trompe.

Pour peu que l'incidente se fût prolongée, le mot *errat* s'éloignait trop de *qui putat.* Cicéron a dit : errat *qui putat magnam doctrinam.....*

Cinquième principe.

Il faut consulter **l'harmonie.**

La période sera harmonieuse, si chacun de ses membres ne présente ni une brièveté dure ni une longueur déme-surée. Il faut surtout que le dernier membre soit d'une étendue suffisante. Le modèle de phrase latine, que nous venons d'attaquer au point de vue de la clarté, pèche plus encore contre l'harmonie. Un moyen de la corriger serait d'allonger ce dernier membre, de remplacer *errat* comme

il suit : *qui putat magnam* etc... *sanè is magno vehementi-*
que errore ducitur.

Sixième principe.

Il faut consulter la **variété**.

Cicéron dit que rien n'est choquant, *tam vitiosum,*
comme la monotomie dans les périodes. La musique la
plus douce est celle dont on se fatigue le plus vite ; il faut
çà et là des notes vives et rapides, pour exciter les organes
qui s'émoussent, et réveiller l'esprit qui s'endort.

On variera donc avec soin la forme et l'étendue des périodes ; une période à principales sera suivie d'une période
à incidentes, une période de trois membres sera suivie
d'une autre qui n'en renferme que deux.

Qu'on lise attentivement une page de Latin et l'on verra
avec quel art un grand écrivain évite cette monotonie so-
porifique dans laquelle tombent trop souvent les élèves,
imitateurs inintelligents de la période.

ARTICLE SECOND.

Régles particulières.

§ 1. Incidentes formées par des conjonctions.

— Les conjonctions se rapprochent volontiers dans la
construction :

Nàm, posteaquam abiit...
Quare, etiamsi fortiter dimicaverit...
Et quoniam, si rectè judicâsset...
Atque, ut id libentius faciatis...

— Quand des incidentes diverses sont en présence, il faut
les ranger suivant l'ordre des idées, suivant leur importance relative. — On peut établir que généralement les incidentes de cause (*quia, quòd*), et les incidentes de temps
(*cùm, postquam*), se placent avant les autres.

§ 2. Incidentes formées par **qui, quis, qualis,** etc.

Le relatif *qui, quæ, quod,* se place élégamment avant
des conjonctions :

> *Quæ, dùm* nostri colligunt, — *qui, ut* scriptum legi-
> mus.

> *Quod postquam* auditum est.

Nous rappelons l'élégance de cette inversion, qui consiste
à placer avant l'antécédent, l'incidente où se trouve le
conséquent.

> *Qui* memoriam beneficii non servat, *is* malus est.
> *Quales* sunt parentes, *tales* esse solent filii.
> *Quidquid* tu contra dixeris, *id* contendito.
> *Quot* ego libros vix vidi, *tot* legisti.

§ 3. Incidentes formées avec l'**infinitif.**

— Quand il y a une seule incidente, et qu'elle est courte,
elle se place assez souvent avant le verbe qui la régit.

> *Nonne ad mortem rapi* imperabis ?
> Manlius bello Gallico *filium suum necari* jussit.

— Quand il y a plusieurs incidentes, elles suivent généralement le verbe :

> Licuit *victricem classem in Africam trajicere, atque in-
> tra paucos dies sine ullo certámine Carthaginem de-
> lere.*

§ 4. Incidentes formées **avec des participes,** des **gérondifs.**

Elles précèdent presque toujours le verbe.

> *Omnes animi cupiditates refrenando,* in honore fuerunt
> sapientes.

> *Veriti ne consulis ira erumperet,* fugerunt.

— Nous avons parlé, dans la 3e partie, de la place qu'il

faut donner à l'ablatif absolu. Cet ablatif est généralement accompagné d'un participe qui est par conséquent soumis aux mêmes règles.

CHAPITRE IV

FORMATION DE LA PÉRIODE.

Nous avons supposé jusqu'ici que la période se présente d'elle-même sous la plume de l'élève, dont le travail se borne alors à en disposer convenablement les parties. Mais trop souvent l'élève, habitué à la forme brisée, sautillante, du Français, conçoit sa pensée par petites phrases sans ampleur.

On forme alors la période, — *soit en réunissant plusieurs phrases isolées pour n'en faire qu'une seule ; — soit en ajoutant à la pensée une pensée secondaire, qui fournit un nouveau membre de phrase.*

ARTICLE PREMIER.

Formation de la période par la réunion de plusieurs phrases.

On forme ainsi soit la période à PRINCIPALES, soit la période à INCIDENTES.

Pour former la période à PRINCIPALES, on introduira avant chaque membre, restant phrase principale, des conjonctions qui s'appellent l'une l'autre.

Il combattit avec courage ; il remporta la victoire, — *fortiter pugnavit ; retulit victoriam.* Voilà bien deux phrases détachées, elles se relieront par les conjonctions déjà indiquées :

Et fortiter pugnavit *et* retulit victoriam.

Tum. . . . . . *tum.* . . . . . .

Non modò.. . . . *verùm etiam..* . . .

Mais le plus souvent, et c'est la méthode la plus élégante, on change en incidentes une ou plusieurs des principales; on crée ainsi la PÉRIODE A INCIDENTES, avec une des quatre formes qui lui sont habituelles : *le participe ou le gérondif, l'infinitif, le pronom relatif, la conjonction.*

§ 1. Incidentes formées avec le **participe** et le **gérondif**.

L'exemple proposé : il combattit avec courage; il remporta la victoire, se traduira :

Virtute adjutus, retulit victoriam.
Virtute adjuvante, retulit victoriam.
Fortiter pugnando, retulit victoriam.

§ 2. Incidentes formées avec l'**infinitif**.

Il combattit courageusement, il remporta la victoire, telle est la renommée, — fama est *illum fortiter pugnavisse atque victoriam retulisse.*

§ 3. Incidentes formées avec le pronom relatif **qui**.

Cet enfant est aimé de son père; il recevra des présents :

Hic puer, *qui a patre amatur,* munera accipiet.
Hunc puerum, *quem amat pater,* munera consequentur.

§ 4. Incidentes formées avec des **conjonctions**.

Cette forme est très-fréquente. Quand deux phrases se suivent, on cherche le rapport qu'elles ont dans la pensée, et on emploie la conjonction qui représente ce rapport.

1° **Rapport de cause** : PARCE QUE.
Il a beaucoup travaillé, il est devenu savant.
EX EO QUÒD *multum laboravit, doctus evasit.*

2° Rapport de but : AFIN QUE.

César rassembla ses légions éparses, et il attaqua la Gaule avec toutes ses forces : *dispersas Cæsar legiones coegit,* UT *in Galliam totis viribus incumberet.*

3° Rapport de condition : SI.

Soyez courageux, vous remporterez la victoire ; SI *fortes eritis, referetis victoriam.*

4° Rapport de concession : QUOIQUE.

Il a manqué de prudence ; cependant il a réussi dans son entreprise, — ETSI *prudentiâ caruit, illi res benè processit.*

5° Rapport de comparaison : DE MÊME QUE.

La bête fauve évite la lumière du jour, ainsi le méchant a peur de la vérité : QUEMADMODUM (OU UT) *fera lucem defugit, malus veritatem horret.*

6° Rapport de temps : LORSQUE, APRÈS QUE.

Il arrivait à Rome et il tomba malade : CUM *Romam adveniret* (ou UBI *advenit*), *in morbum delapsus est.*

Ils échappent à tous les dangers et abordent dans l'île : POSTQUAM *omnia declinavere periçula, ad insulam appellunt.*

7° Rapport de lieu : OU.

Ils tombèrent là harassés de fatigue, et expirèrent là. *Ubi verò defessi ceciderant, mortui sunt.*

REMARQUE IMPORTANTE. — La période à incidentes formées par des conjonctions est plus élégante encore, quand on place devant la principale une conjonction qui correspond à celle de l'incidente.

Nous reprenons les exemples qui précèdent, en indiquant les conjonctions qui se correspondent d'ordinaire.

Ex eo quòd multùm laboravit, *ideò* (*c'est pourquoi*) doctus evasit.

Cæsar *sic* (*de façon que*) legiones coegit, *ut* in Galliam totis viribus incumberet.

Si fortes eritis, *tum* (*alors*) victoriam referetis.

Etsi prudentiâ caruit, *tamen* (*cependant*) illi res bene processit.

Quemadmodum fera lùcem defugit, *sic* (*de même*) malus veritatem horret.

Cùm Romam adveniret, *tùm* (*alors*) in morbum delapsus est.

Ubi verò defessi ceciderant, *ibi* (*là*) mortui sunt.

ARTICLE SECOND.

Formation de la période par le développement de la pensée.

Le moyen précédent ne faisait que modifier la forme de la pensée; plusieurs membres de phrase se présentant, il les fondait ensemble, en donnant à l'un d'eux un rôle qu'il n'avait pas à l'origine, faisait d'une principale une incidente ou vice-versa.

Mais s'il n'y a qu'un membre de phrase, le seul moyen qui reste de former la période, est *d'ajouter à la pensée principale, une pensée secondaire, qui amène un second membre de phrase.*

———

I. Tantôt c'est un SEUL MOT, choisi suivant les besoins de la pensée, qui d'une principale fait une incidente, soit avec l'infinitif, soit avec l'une des conjonctions *ut* et *ne*.

— Les mots supplémentaires qui amènent l'infinitif sont : *licet, decet, juvat, libet, videtur, dicitur, cœpit, noli*, etc.

Honore ta maison par tes belles vertus : *domum eximiis dotibus ornare* DECET (il convient de).

Lis ce livre avec le plus grand soin : *curâ maximâ hunc librum legere te* JUVET (qu'il te plaise de lire).

Les mots qui amènent une conjonction avec le subjonctif, sont, pour les phrases affirmatives : *oportet ut, contingit ut, fac ut* ou *faciendum est ut, fit ut, curandum est ut, opera danda est ut...* pour les phrases négatives, *cave ne, tibi declinandum est ne...* (il faut éviter que)...

Lis ce livre : *hunc librum legas oportet* (*ut* sous-ent.); — *fac ut hunc librum legas;* — *tibi curandum est ut legas.*

Ne lis pas ce livre : *Cave ne hunc librum legas.*

II. Tantôt ce sont des LOCUTIONS ou FORMULES qui s'intercalent dans la principale :

NOMS : *Meâ quidem sententiâ,* à mon avis. — *Proh dii immortales,* au nom des dieux ! — *Proh deûm atque hominum fidem* [1], grands dieux ! — *Nefas!* chose criminelle ! — *Mehercule* [2], certes.

ADJECTIFS : *Infandum!* chose abominable ! — *O me miserum,* que je suis malheureux ! — *Macte* [3] *animo,* aie bon courage.

VERBES. — Dans une demande, *obsecro, oro, precor, quæso, amabo,* avec ou sans *te, vos. Exhibe, quæso, dolorem,* explique ta douleur, je t'en prie. *Cura, amabo te, Ciceronem nostrum,* veille sur notre Cicéron, je t'en serai reconnaissant. — Pour encourager, *age* ou *agite.* — Pour appuyer son avis : *credo, ut arbitror, ut mihi videtur.*

On trouve encore : *ut fit,* comme il arrive. — *Si fors tulerit,* si la fortune le permet. — *Utinam avertatur omen,* puissé-je me tromper ! — *Quod pace tuâ dixerim,* excuse mon langage. — *Si necesse est, si fieri potest,* etc.

III. Tantôt enfin ce sont des INCIDENTES que l'on crée en ajoutant à l'idée simple des circonstances diverses de cause,

---

1. Au nom de la protection des dieux et des hommes.
2. *Me, hercule, juves;* Hercule, aide-moi.
3. Pour *magis aucte,* vocatif de *auctus,* ô toi augmenté de courage ; au pluriel *macti.*

de but, de condition, de concession, de comparaison, de temps, de lieu, etc. Cela s'appelle l'AMPLIFICATION.

J'ai l'idée simple qui suit : vous remporterez la victoire, *victoriam referetis.* Je puis y ajouter une circonstance

De CAUSE : *ex eo quòd fortes estis,* victoriam referetis ; *parce que vous êtes courageux,* vous vaincrez.

De BUT : victoriam referetis *ut patria salva fiat,* vous vaincrez, *pour sauver votre patrie.*

De CONCESSION : *etsi multi sunt hostes,* victoriam referetis, *bien que les ennemis soient nombreux,* vous vaincrez.

On peut réunir toutes ces circonstances dans un même exemple.

Si (condition), *quantam virtutem* (comparaison), *ut viæ superaretis impedimenta* (but), *semper attulistis, tantam afferetis, quum modò pugna erit* (temps) ; *non dubito, milites, quin de hostibus, etsi sunt multi* (concession), *referatis, diis adjuvantibus* (cause), *victoriam.*

Si vous témoignez dans le combat le même courage que vous avez déployé pour vaincre les difficultés de la route, je ne doute pas, soldats, que, avec l'aide des dieux, vous ne remportiez la victoire sur les ennemis, quelque nombreux qu'ils soient.

Nota. — Même en dehors de la période, la phrase latine est belle encore quand, au lieu d'ajouter des membres de phrase, on multiplie un ou plusieurs des éléments de la phrase simple, sujets, verbes, régimes. — Cela s'appelle ÉNUMÉRATION.

Cicéron dit aux sénateurs que tous les intérêts sont entre leurs mains : *Omnis reipublicæ dignitas, omnium vera libertas, aræ, foci, dii penates, bona, fortuna, vestræ sapientiæ, fidei, potestatique commissa creditaque esse videantur.*

Ailleurs il passe en revue les vertus des généraux :

Quantâ innocentiâ debent esse imperatores, quantâ deinde in omnibus rebus temperantiâ, quantâ fide, quantâ facilitate, quanto ingenio, quantâ humanitate!

Parfois les termes de l'énumération sont SYNONYMES :

Nullius tantum est flumen ingenii, nulla dicendi aut scribendi tanta vis tantaque copia, quæ non dicam exornare sed enarrare, Cæsar, res tuas gestas possit. (CIC.)

Toute la fécondité du plus inépuisable génie, tous les efforts, toutes les ressources de l'éloquence et de l'histoire, s'épuiseraient en vain, je ne dirai pas pour orner, mais pour raconter vos actions guerrières.

Parfois les termes de l'énumération sont GRADUÉS.

Cicéron dit à Catilina que rien n'a pu l'ébranler.

Nihilne te nocturnum præsidium palatii, nihil urbis vigiliæ, nihil timor populi, nihil concursus bonorum omnium, nihil munitissimus habendi senatûs locus, nihil horum ora vultusque moverunt?

Quoi! ni la garde qui veille la nuit sur le mont Palatin, ni les forces répandues dans toute la ville, ni la consternation du peuple, ni ce concours de tous les bons citoyens, ni le lieu fortifié choisi par cette assemblée, ni les regards indignés de tous les sénateurs, rien n'a pu t'ébranler!

CHAPITRE V

LIAISON DES PÉRIODES OU TRANSITIONS.

On appelle *transition* ce qui relie deux phrases l'une à l'autre. Sans la transition, les phrases ressemblent, dit Quintilien, à ces corps ronds et polis qui ne peuvent jamais s'emboîter parfaitement.

La transition est très-importante dans le latin qui partout

et toujours recherche l'unité. Dans le français, les phrases se relient les unes aux autres plutôt par la pensée que par les mots. Les *car*, les *parce que*, etc., ne s'emploient aujourd'hui qu'avec la plus grande sobriété ; ils n'étaient si fréquents dans notre ancienne langue que par imitation du latin.

Il y a deux espèces de transition : la transition NATURELLE et la transition ARTIFICIELLE.

Quelquefois les pensées ont une liaison qui se présente d'elle-même, comme dans le développement d'une même idée principale, comprenant plusieurs phrases. Il suffit de relier ces phrases par les mots qui représentent leurs rapports. Ces mots qui constituent la transition NATURELLE sont généralement les conjonctions. Elles représentent des rapports

De cause : *nam, etenim...*

De conséquence : *igitur, itaque, quamobrem.*

D'opposition : *verùm* (mais) *verumenimvero, attamen.*

De gradation : (bien plus) *imò, quin etiam, jam verò, porrò.*

De temps : *intereà,* sur ces entrefaites.

D'ordre et de succession : *imprimis* (tout d'abord), *deinde, prætereà, demum, postremo, tandem, aliquando.*

Il y a des conjonctions que l'on appelle EXPLÉTIVES, c'est-à-dire superflues, parce que, ajoutant peu de chose à la pensée, elles semblent n'avoir parfois d'autre but que de relier les phrases plutôt que les idées. *Autem, verò, quidem,* ont souvent ce rôle, quand elles ne marquent pas opposition.

Autem rappelle, en tout ou en partie, la pensée précédente : *Oppidum oppugnare instituit. Est autem oppidum...* Il résolut d'attaquer cette ville. Or cette ville...

Verò, fortifie la pensée, insiste davantage : *tum verò,* alors surtout; *eos verò septem,* quant aux sept sages.

Quidem aussi fortifie la pensée : *rogo te, et quidem vehementer,* — il sert souvent encore à l'expliquer : *in prælio cecidit, quum quidem pugnaret.*

Et ou *atque* se range aussi parfois parmi les conjonctions explétives, surtout quand il est suivi d'une autre conjonction : *atque ego censui,* j'ai été d'avis. — *Et quoniam mali sunt, non patiar.....*

Au lieu de *et* suivi de la négation, on emploie fréquemment *nec, neque,* surtout avec *enim, verò, tamen...* Et je ne pense pas qu'il soit permis, *neque enim fas esse arbitror,* — *neque tamen Catilinæ furor minuebatur.*

Nota. — Cette transition par *neque* est si recherchée qu'on l'emploie même dans les phrases affirmatives, par ce principe que deux négations valent une affirmation : je puis, *neque ego non possum,* — car la même colère, *neque enim non eadem ira.*

Mais des phrases qui se suivent peuvent présenter des idées tellement disparates qu'il ne soit possible d'établir entre elles aucune liaison naturelle, on emploie alors la transition dite ARTIFICIELLE.

C'est celle-ci sans doute que visait Boileau, quand il disait que « les transitions sont ce qu'il y a de plus difficile dans les ouvrages d'esprit. »

Ces transitions sont tantôt des *locutions* ou phrases banales, comme les suivantes :

Quid, quod (indicatif), que dire aussi de ce que...

Quid ? sed quid ? quid pórro ? Mais quoi, et ceci encore.

Ad hoc; adde quod (INDIC.); *huc accedit quod* (INDIC.), ajoutez à cela que.

Quæ quum ita sint, puisqu'il en est ainsi...

Quid plura? Ne multa (sous-entendu DICAM), pour abréger...

Tantôt ce sont des pensées plus complètes présentées sous diverses formes, dont les principales sont :

— La GRADATION : *audistis gravissima; audite nunc graviora,* vous avez entendu des choses bien graves, en voici de plus graves.

— L'EXCLAMATION : on a exposé la conduite d'un homme, on ajoute : *o infandum scelus!* et l'on prouve que cette conduite est criminelle. — Autres exclamations ; *o tempora, o mores!* Quel temps, quelles mœurs! — *O vitam miseram!* quelle pénible existence! — *O me perditum!* c'en est fait de moi. — *Utinam fallar!* puissé-je me tromper! — *Nimium est!* c'en est trop! — *Velim ita sit!* puisse-t-il en être ainsi!...

— L'APOSTROPHE, s'adressant soit à celui à qui on parle, soit à celui de qui on parle, soit aux dieux... soit même aux choses inanimées... — *Tu verò quid de his sentiebas?* — *hæccine, dii immortales, vidistis?*

CHAPITRE VI

IMITATION DE LA PÉRIODE.

Déjà au sujet de l'expression latine, nous avons dit tout le profit qu'un élève peut tirer de l'imitation des auteurs latins. Cette imitation est plus nécessaire encore en ce qui touche la période; car le français se rapproche assez souvent du latin dans ses expressions, et il s'en éloigne presque toujours dans la structure de sa phrase.

Ce n'est donc qu'à force d'observer et de reproduire la structure de la phrase latine, qu'un élève, habitué à la forme brisée du français, atteindra la forme périodique.

Le savant P. Le Jay montre dans sa *Bibliothèque des rhéteurs* combien cette imitation est à la fois précieuse et facile. Pour unir l'exemple au précepte, il prend lui-même un certain nombre de phrases de Cicéron et les adapte à des pensées différentes.

On lira avec intérêt quelques-uns de ces exercices.

Pensée de Cicéron : RIEN N'EST PLUS ADMIRABLE QU'UN HOMME, DOMINANT PAR SON ÉLOQUENCE UNE IMMENSE MULTITUDE.

Imitation : RIEN N'EST PLUS ADMIRABLE QU'UN PRINCE VICTORIEUX QUI RECHERCHE LA PAIX.

Quid est tàm mirabile quàm ex infinità multitudine hominum exsistere unum, qui id, quod omnibus naturâ sit datum, vel solus, vel cum paucis facere possit ?

Qu'il y a-t-il de plus étonnant que de rencontrer, dans la multitude qui remplit le monde un homme qui possède seul, ou partage avec un petit nombre, le secret d'accomplir ce que la nature semble avoir accordé à tous les autres?

Quid tàm dignum est aut præsentium aut futurorum temporum præconio, quàm in medio victoriæ cursu, quæ naturâ superba est atque insolens, exsistere virum principem qui propriæ laudis contemptor, animum ad pacem ultrò ac volens adjungat?

Est-il un spectacle qui soit plus digne de l'admiration des siècles présents et futurs que de voir un grand prince, dans tout l'éclat de la victoire, qui d'ordinaire fait naître l'orgueil et l'ambition, mépriser sa gloire personnelle, et de son propre mouvement tourner ses désirs vers la paix ?

Pensée de Cicéron : PARMI LES INSTITUTIONS ROMAINES, UNE DES PLUS UTILES EST CELLE DES PONTIFES CHARGÉS DE VEILLER AU MAINTIEN DU CULTE RELIGIEUX ET AU SALUT DE LA RÉPUBLIQUE.

Imitation : PARMI LES LOIS ROMAINES, UNE DES PLUS PRÉCIEUSES EST CELLE QUI PROMET DES RÉCOMPENSES A LA VERTU, ET AU CRIME, DES CHATIMENTS.

Cùm multa divinitùs, Pontifices, a majoribus nostris inventa atque instituta sunt, tùm nihil præclarius, quàm quòd vos eosdem et religionibus deorum immortalium, et summæ reipublicæ præesse voluerunt, ut amplissimi et clarissimi cives, Rempublicam benè gerendo, religiones sapienter interpretando, Rempublicam conservarent.

Dans ce grand nombre d'institutions établies par nos ancêtres sous l'inspiration des dieux, il n'en est point de plus belle, vénérables pontifes, que cet usage qui veut que vous soyez à la fois les premiers ministres de la religion et de l'État, et que les plus nobles citoyens, pontifes en même temps, gouvernant la république avec prudence et réglant le culte avec sagesse, fassent le salut de Rome.

Cùm multa in omni Republicà laudabiliter inventa feliciterque instituta sunt, tùm nihil præclarius quàm quòd virtuti præmia, supplicia sceleri proponerentur; ut boni mercedis exspectatione, mali pœnarum metu in officio continerentur.

Dans ce grand nombre d'institutions si dignes d'éloges et si utilement établies dans toute république, il n'en est point de plus précieuse que l'usage des récompenses promises à la vertu et des peines réservées au vice. Il maintient dans le devoir, les bons par l'appât des promesses, et les méchants par la crainte des châtiments.

Pensée de Cicéron : BIEN QU'IL SOIT HONORABLE DE PARLER DEVANT LE SÉNAT, IL A GARDÉ JUSQU'ICI LE SILENCE PAR UN SENTIMENT DE RÉSERVE QUI DATE DE SA JEUNESSE.

Imitation : BIEN QU'IL SOIT GLORIEUX DE RACONTER L'HISTOIRE DE LOUIS XIV, IL FAUT SE TAIRE, PAR IMPUISSANCE DE LA RACONTER DIGNEMENT.

Quanquam mihi semper frequens conspectus vester

Quanquam præconem esse rerum a Ludovico Magno do-

multò jucundissimus; hic autem locus ad agendum amplissimus, ad dicendum ornatissimus est visus, Quirites : tamen hoc aditu laudis, qui semper, optimo cuique maximè patuit, non mea voluntas, sed meæ vitæ rationes ab ineunte ætate susceptæ prohibuerunt.

Romains, quoique le spectacle fréquent de vos assemblées ait toujours été pour moi le plus agréable, et que toujours cette tribune m'ait paru le plus noble et le plus magnifique théâtre où l'on puisse déployer son zèle et son éloquence, cependant ce qui m'interdisait cette carrière de gloire ouverte au talent, c'était moins ma volonté que la règle de conduite que je m'étais imposée dans ma jeunesse.

mi forisque gestarum longè honorificentissimum ; hoc autem argumenti genus factorum ubertate optatissimum, victoriarum magnitudine præstantissimum videri potest; tamen in tantâ dicendi copiâ ac varietate, plus ipsa operis dignitas et amplitudo prudentem oratorem deterrere quàm copiosa dicendi seges invitare debet.

Quoiqu'il y ait bien de la gloire à louer les exploits pacifiques et guerriers accomplis par Louis le Grand, et que ce genre de composition emprunte à la fois et un grand attrait à l'abondance des faits, et un grand honneur à l'éclat des victoires qu'il raconte, cependant, en face d'une matière aussi vaste que variée, la majesté et l'étendue du sujet font reculer l'orateur, plus que ne l'attire la riche moisson d'éloges qu'il lui présente.

Pensée de Cicéron : C'EST L'AMOUR DE LA GLOIRE QUI M'A FAIT AFFRONTER TOUS LES DANGERS POUR VOTRE SALUT.

Imitation : C'EST L'AMOUR DE LA PAIX QUI A FAIT RENONCER LOUIS XIV A TANT DE VICTOIRES.

Nisi multorum præceptis multisque litteris mihi ab adolescentiâ suasissem nihil esse in vitâ magnopere expetendum nisi laudem atque honestatem; in eâ autem pro-

Nisi fatigatis jamdiù longiore bello populis amicum pacis munus t .tis ambiri animis Ludovicus Magnus intellexisset, suorumque utilitates atque commoda suâ

sequendâ omnes cruciatus corporis, omnia pericula mortis atque exsilii parvi esse ducenda; nunquam me pro salute vestrâ in tot ac tantas dimicationes atque in hos profligatorum hominum quotidianos impetus objecissem.

Si les leçons de plusieurs sages et l'étude assidue des lettres ne m'avaient persuadé dès ma jeunesse, que cela seul est vraiment désirable qui est louable et honnête, et que pour l'acquérir il ne faut presque tenir aucun compte des tourments, de la mort, de l'exil; jamais pour vous sauver, je n'aurais affronté tant et de si violents combats, ni les attaques journalières des mauvais citoyens.

ipsius gloriâ duxisset antiquiora; nunquam profectò tot victoriarum suarum et rerum bellè fluentium monumenta studio pacis devovisset.

Si Louis XIV n'avait compris que le repos était le vœu de ses peuples, fatigués d'une guerre déjà trop longue, s'il n'avait placé leurs intérêts et leurs avantages au-dessus de sa propre gloire; jamais, sans aucun doute, il n'aurait sacrifié à l'amour de la paix tous les glorieux monuments, que lui promettaient ses victoires et ses merveilleuses prospérités.

Pensée de Cicéron : Jamais l'autorité d'un homme de bien ne se fait plus sentir que dans les troubles civils.

Imitation : Jamais la vertu n'est plus facile à acquérir que dans l'adolescence.

Si fuit in Republicâ tempus ullum cùm extorquere arma posset è manibus iratorum civium boni civis auctoritas et oratio, tùm profectò fuit cùm patrocinium pacis exclusum est, aut errore hominum aut timore.

S'il fut un temps ou l'influence et les discours d'un bon citoyen auraient pu désarmer

Si est in vitâ tempus ullum, cùm institui facilè possunt ad virtutem hominum animi, tùm profectò est, cum ætas flexibilis ac cerea moderatoris manum non abnuit, aut pravitate cordium aut morum corruptelâ.

S'il est une époque dans la vie où l'âme humaine peut facilement se former à la vertu,

le bras de ses concitoyens divisés par la colère, ce fut sans doute lorsque, soit erreur soit crainte, on refusa d'entendre les défenseurs de la paix.

c'est assurément à cet âge où, flexible comme la cire, elle n'a pas encore été rendue rebelle aux doigts qui la manient, soit par la perversité du cœur, soit par la corruption des mœurs.

Pensée de Cicéron : SI QUELQU'UN VEUT SAVOIR MON OPINION SUR LE CHOIX DES GOUVERNEURS DE PROVINCE, QU'IL CONSIDÈRE D'ABORD CE QUE JE PENSE DES GOUVERNEURS QUI OPPRIMENT LEURS SUBORDONNÉS.

Imitation : SI QUELQU'UN SE DÉGOUTE DES DIFFICULTÉS DE LA VIE, QU'IL CONSIDÈRE LES RÉCOMPENSES ÉTERNELLES DONT ELLES SONT LE PRÉLUDE.

Si quis vestrûm exspectat, quas sim Provincias decreturus, consideret ipse secum qui mihi homines ex Provinciis potissimum detrahendi sint ; (tunc) non dubitabit quid me sentire conveniat, cùm quid me sentire necesse sit, considerarit.

Si quis laborum asperitate quibus consita vitæ felicis semita, ab eâdem insistendâ deterretur, reputet ille secum quantam bonorum amplitudinem amatoribus suis possidendam Deus destinârit ; tunc leves existimabit laboris cujuscumque molestias, cùm mercedis æternæ pretium, quâ remunerabuntur, ille considerabit.

Si quelqu'un de vous, pères conscrits, attend mon opinion sur le choix des provinces, qu'il considère en lui-même de quels hommes je veux avant tout que nos provinces soient délivrées ; il saura quelle opinion il me convient d'adopter, quand il aura reconnu quels sont les sentiments que doivent nécessairement m'inspirer ceux qui les oppriment.

Si quelqu'un se laisse détourner du sentier de la vie heureuse par la difficulté des travaux dont il est semé, qu'il mesure l'étendue des biens que Dieu promet à ses amis ; il trouvera légères les fatigues de tout travail, quel qu'il soit, quand il contemplera le gage de l'éternelle récompense qui leur est réservée.

On voit par ces quelques exemples, que l'imitation ne consiste pas à copier servilement une phrase, sans en modifier ni le fond ni la forme. *O imitatores, servum pecus!* dit Horace; ce que La Fontaine traduit ainsi :

Quelques imitateurs, sot bétail, je l'avoue....

L'imitation consiste encore moins à adopter vingt moules par lesquels, coûte que coûte, on fera passer toutes ses pensées : méthode pitoyable qui tue l'intelligence et la langue.

La bonne, la vraie imitation du style est celle qui, modifiant les détails, n'adopte d'une phrase que sa contexture générale. Une phrase est pour ainsi dire composée de branches et de feuilles. Dans les phrases citées plus haut, voici les branches :

Quid est tàm... quàm... qui...
Cùm multa... tùm... quod... ut...
Nisi... nunquam...
Si fuit (ou *est*) *tempus quum... tum profecto est cùm...*

On prend ces branches, et on change les feuilles destinées à les compléter et à les orner.

Mais on demandera quelle période il faut imiter de préférence : celle de Tite Live, celle de Cicéron ou une autre?

La période dite *historique*, représentée par Tite Live, César, Salluste... est beaucoup plus simple que la période *oratoire*. Comme elle raconte des faits, et que dans le récit dominent généralement les circonstances de temps, cette période se forme d'ordinaire de l'un des éléments suivants : le participe s'accordant avec un nom, l'ablatif absolu, une conjonction de temps, etc.

Tite Live présente à chaque pas des périodes de ce genre variées à l'infini.

Dùm hæc in Macedoniâ geruntur, Paulus, prorogato ex consulatu imperio, principio veris in Ligures exercitum introducit.

Pendant que la Macédoine est le théâtre de ces événements, Paulus continué comme consul dans son commandement, entre dans les premiers jours du printemps avec son armée sur le territoire des Ligures.

His, sicut acta erant, nuntiatis, incensus Tarquinius non dolore solùm tantæ ad irritum cadentis spei, sed etiam odio irâque, postquam dolo viam obseptam vidit, bellum apertè moliendum ratus, circumire Etruriæ urbes...

Ces faits, tels qu'ils se sont passés, sont racontés à Tarquin ; la colère et la haine s'unissent dans son âme troublée, à la douleur de voir toutes ses espérances tombées en ruines : voyant que tous les chemins sont fermés à la ruse et que la guerre ouverte est la seule ressource qui lui reste, il se met à parcourir les villes de l'Etrurie.....

Bon nonbre de latinistes ont tiré grand profit de la lecture de Tite Live. On a même prétendu qu'il est le maître le plus utile pour des élèves, qui se perdent dans la période oratoire de Cicéron, comme un voyageur dans une forêt trop touffue.

Nous répondons à cela que la période historique, excellente dans la narration, ne trouve pas toujours place dans le discours ou dans la dissertation, et nous ajoutons sans crainte, avec des réserves que nous expliquerons tout à l'heure, que le grand modèle c'est Cicéron, dont Tite Live a dit que « *pour le louer dignement, il faudrait être lui-même.* »

C'est la lecture de Cicéron qui, depuis l'ancienne Rome, a formé les latinistes de tous les pays et de toutes les époques. Saint Jérôme, dans sa solitude de Bethléem, se reprochait comme une faute l'imitation profane du style de Cicéron. C'est en méritant le titre de *Cicéron chrétien* que Lactance a ravi son siècle déjà bien loin des grands modèles. Le génie de l'ancienne Rome achève de s'éteindre, tous les grands écrivains tombent dans l'oubli, Cicéron reste; il continue d'être dans les écoles du moyen âge le modèle et la règle de la langue latine.

Puis se fit le réveil littéraire du xvi° siècle. « *Alors encore,* » dit un auteur, *on ne voulut imiter que Cicéron, l'admi-* » *ration qu'il fit naître devint une idolâtrie, surtout chez les* » *Italiens. Lazare Buonamico déclarait qu'il aimerait* » *mieux parler comme Cicéron que d'être pape ou empe-* » *reur, et le cardinal Bembo*[1] *qu'il ne changerait pas l'art* » *de bien écrire en latin contre le marquisat de Mantoue.* »

Le même enthousiasme régnait en France, c'est Colbert qui nous l'apprend dans son discours à l'Académie sur l'imitation des anciens : « *C'était un plaisir, (j'aurais dit* » *une pitié) de voir ces visages pâles et mélancoliques se* » *priver de tous les plaisirs, fuir la compagnie des vivants,* » *s'ensevelir dans leur étude comme dans un cercueil et s'abs-* » *tenir de la lecture de toutes sortes de livres, hormis de* » *Cicéron. Ils préféraient l'honneur d'avoir fait une période* » *bien ronde et bien cadencée aux généreuses actions des plus* » *grands héros du monde.* »

Ces imitateurs parurent exagérés à *Erasme*[2] qui les attaqua dans un dialogue intitulé le *Cicéronien.* Une protestation immense s'éleva contre lui par la plume du savant *Scaliger*[3] dans ses deux *Orationes pro M. Cicerone;* Scaliger écrivit plusieurs lettres aux principaux colléges de France pour les prémunir contre cette apostasie. La France resta fidèle au grand orateur, et depuis le xvii° siècle jusqu'à nos jours, nos meilleurs latinistes, successeurs des *Estienne*[4],

---

1. Il appelait *patres conscripti* les cardinaux romains; il poussait François Ier à la croisade, *per deos atque homines.*

2. Né en Hollande au xvi° siècle, si connu par sa science, qu'on pouvait lui adresser des lettres avec cette simple suscription : *A Erasme, en Europe.*

3. Né en Italie en 1488, mort à Agen.

4. Ce nom représente toute une descendance d'imprimeurs et de savants dont les plus illustres furent au xvi° siècle, Robert Ier, auteur du *Thesaurus linguæ latinæ* et Henri II, auteur du *Ciceronianum lexicum.*

Jouvency[1], *Le Jay*[2], *Rollin*[3], *Lebeau*[4], ont été les meilleurs imitateurs de Cicéron.

Dès la sixième, les élèves peuvent comprendre et goûter le recueil des *Lettres et Histoires choisies de Cicéron;* dès la quatrième, ils peuvent aborder ses *Discours,* et, formés constamment à cette puissante école, ils se joueront en rhétorique de la composition latine qui est aujourd'hui l'épouvantail et l'écueil d'un si grand nombre.

CHAPITRE VII

USAGE DE LA PÉRIODE.

Nous avons tracé l'éloge du vrai Cicéron. Il est un autre Cicéron, faussé, travesti par les élèves, qui ne voient dans cet incomparable écrivain qu'un artisan d'interminables périodes.

Maladroitement dociles au conseil qu'on leur donne d'imiter Cicéron, ils s'inquiètent assez peu de l'expression et de la tournure, ils ne voient dans le latin que l'art d'*enfiler* des périodes, et les plus longues sont pour eux les meilleures.

Encore une fois, le beau, le vrai Cicéron n'est pas là. Nous prétendons même qu'on a singulièrement exagéré le mérite de la longue période cicéronienne, et la première preuve que nous voulons en donner, c'est qu'elle contredit l'usage *ordinaire* du latin.

1. Né à Paris au XVIIᵉ siècle, professeur de rhétorique au collége Louis-le-Grand, annote savamment les éditions des auteurs latins, destinées au Dauphin.
2. Auteur du livre : *Bibliotheca rhetorum,* admirable recueil de discours et de poésies.
3. Né à Paris en 1661, principal du collége de Beauvais, auteur du *Traité des Etudes* qui renferme d'excellents chapitres sur le latin.
4. Né à Paris en 1701, élève de Rollin, auteur très-élégant de deux recueils latins : *Carmina et orationes.*

Avant Cicéron, elle était inconnue, et c'est à juste titre qu'il en a réclamé la paternité.

Du temps même de Cicéron, elle souleva bien des contradictions parmi les défenseurs de la pureté de la langue. « *Ses contemporains*, dit Quintilien, *lui ont reproché de l'enflure, un style redondant et asiatique.* » Calvus, un de ses amis, le trouve *lâche* et *sans nerfs, exsanguem, attritum.* Brutus le trouve *sans vigueur, otiosum; sans consistance disjunctum.* Pour se défendre contre leurs attaques, Cicéron composa son *Orator* où il explique jusqu'au dernier rouage tout le mécanisme de la grande période. Unissant l'exemple au précepte, il fit de ce livre le chef-d'œuvre et comme le dernier effort du style périodique, et il le dédia à Brutus qui lui répondit : *vous nous gâtez la langue.*

D'ailleurs qu'on observe le style du grand siècle, dans les contemporains de Cicéron les plus illustres et les plus admirés, et l'on verra qu'ils n'ont pas exagéré l'emploi de la période.

Cicéron dit du style de César : « *Il est simple, net, dé-* » *pouillé de toute pompe de langage, c'est une beauté sans* » *parure.* » Sous cette beauté sans parure, Quintilien loue une merveilleuse élégance : « *Mira sermonis elegantia.* » Quintilien encore, vante l'immortelle rapidité de Salluste, *immortalem velocitatem.* Tite Live, il est vrai, pratique parfois complaisamment la période, mais la période historique est d'un mécanisme bien plus simple que la période oratoire.

Et dans le siècle qui suivit Cicéron, ce genre fit-il école ? Moins que jamais. Quintilien déplore l'influence de cette éloquence nouvelle, introduite par Sénèque, « *dont le style* » *ressemblait à un filet d'eau ruisselant sur de petits cail-* » *loux;* » mais malgré tout l'enthousiasme que ce maître de déclamation devait professer pour la grande période cicéronienne, il n'ose pas en conseiller l'emploi dans les

sujets sérieux, il le restreint pour ainsi dire aux exercices académiques : « *Depuis l'invention de cet artifice de style,*
» *depuis l'usage de ces combinaisons savantes, les orateurs*
» *distingués qui ont traité des sujets de* PUR AGRÉMENT, *se sont*
» *appliqués à renfermer leur pensée dans des périodes régu-*
» *lières et nombreuses.* »

Nous ajoutons que l'emploi exagéré de la phrase cicéronienne contredit l'enseignement de son auteur lui-même. « *L'éloquence,* dit Cicéron, *consiste à dire les petites choses*
» *avec simplicité, les médiocres avec agrément, les grandes*
» *avec noblesse.* » Ailleurs il circonscrit l'usage de la longue période à l'*éloquence populaire ;* quand il en usait, c'est que « *il se proposait de plaire à la multitude, parce que*
l'éloquence est un art populaire et a pour but l'approbation
des auditeurs. » On sait en effet que la plupart des causes politiques ou judiciaires étaient soutenues devant le peuple dont les applaudissements étaient le premier triomphe de l'orateur et le gage assuré de son succès.

Peu à peu sans doute, la grande période glissa du genre oratoire dans les autres genres, mais alors elle dérogeait à son premier rôle qui était de fasciner les foules, et elle perdait sa raison d'être.

D'ailleurs, même dans Cicéron, tout en étendant son cercle, cette période ne fut jamais prédominante. Elle occupe certains exordes, certains passages de ses discours ou de ses traités philosophiques et littéraires; nulle part elle n'est la forme *habituelle* de son style.

Et en supposant qu'il en usât plus fréquemment que de raison, on le lui pardonnerait dans un ouvrage de longue haleine, tout en le reprochant aux élèves dans un travail de trois à quatre pages, que six phrases de ce genre absorberaient tout entier. De plus, la longue période est d'une contexture si délicate qu'elle demande à être traitée par une main déjà bien exercée; le plus bel instrument rend des sons ridicules, quand des doigts encore novices veulent en tirer de trop grands effets d'harmonie.

Que conclure de ces observations? C'est que LA GRANDE PÉRIODE CICÉRONIENNE NE CONVIENT NI A TOUS LES SUJETS NI A TOUS LES ENDROITS D'UN MÊME SUJET.

On peut l'employer dans le discours, quand on traite un grand sujet devant une grande assemblée, ou encore dans la narration grave et pompeuse. Il faut l'éviter avec le plus grand scrupule, dans la dissertation, et dans tout sujet traité sous la forme épistolaire.

Que dirait-on d'un élève qui composerait une lettre dans le style des oraisons funèbres de Bossuet : *Celui qui règne dans les cieux et de qui relèvent tous les empires*, etc.? Cicéron est sur ce point un modèle accompli. Ses *lettres* sont peut-être ce qu'il y a de plus parfait dans la langue latine pour l'élégance de la forme et l'abondance des latinismes, et leur lecture est une des meilleures auxquelles on puisse se livrer, même au profit d'une composition plus sérieuse.

Dans le développement d'un même sujet, il faut éviter de n'employer que la période. « *Ce ton ne peut durer long-* » *temps*, dit Quintilien, *quand on s'en est servi dans les* » *occasions où il convient, on a recours aux phrases courtes.* » De toutes les parties d'une composition, celle qui se prête le mieux à la période, c'est la fin ; il faut produire en termi-nant une impression plus puissante. Celle qui s'y prête le moins, sauf dans de grandes circonstances, c'est le début. Un début pompeux et prolongé ne convient que rarement à un sujet qui doit être traité en cinquante lignes. Et puis, quand pour commencer on embouche la trompette épique, on fait attendre de grandes choses, qui parfois n'arrivent pas, « *la montagne en travail enfante une souris.* » Dans le corps de la composition, on peut employer çà et là une période plus longue, si l'on a à exprimer une pensée importante, et que la vivacité du sentiment, qui réclame des phrases courtes, n'y mette pas d'obstacle.

Il faut donc n'user qu'avec discrétion de la longue période cicéronienne. Qu'on la reproduise sans la copier; qu'on la décompose avec soin pour élaguer une partie des incidentes trop nombreuses qu'elle peut renfermer. Qu'on détache les broderies pour ne conserver que la trame, il y aura là encore, après ces mutilations, une richesse, une abondance, une variété de tournures dont les autres écrivains ne se sont pas approchés.

TABLEAU CHRONOLOGIQUE DES AUTEURS LATINS.

AVANT LE SIÈCLE D'AUGUSTE.

PROSATEURS.		POÈTES.	
Sextus Rufus,	hist.	Livius Andronicus,	dram.
Caton l'Ancien,	orat.	Plaute,	comiq.
Fabius Pictor,	hist.	Ennius,	ép. tr.
		Térence,	comiq.
		Pacuvius,	tragiq.
		Lucilius,	sat.

DANS LE SIÈCLE D'AUGUSTE.

PROSATEURS.		POÈTES.	
Cicéron,	orat.	Catulle,	héroïq.
César,	hist.	Lucrèce,	didact.
Salluste,	hist.	Virgile,	ép. buc.
Varron,	hist.	Tibulle,	élég.
Tite Live,	hist.	Properce,	élég.
Cornelius Nep.,	hist.	Horace,	lyr. did.
Celse,	méd.	Ovide,	héroïq.

APRÈS LE SIÈCLE D'AUGUSTE.

1° Auteurs païens.

PROSATEURS.		POÈTES.	
Ier siècle.		*Ier siècle.*	
Valère Maxime,	hist.	Phèdre,	fabul.
Pline l'Ancien,	natur.	Perse,	satir.
Pline le Jeune,	épist.	Lucain,	épiq.
Sénèque,	philos.	Pétrone,	rom.
Columelle,	agron.	Valérius Flaccus,	héroïq.
Velleius Paterculus,	hist.	Stace,	épiq.
Suétone,	hist.	Silius Italicus,	épiq.
Florus,	hist.	Juvénal,	satir.
Quintilien,	rhét.	Martial,	épigr.
Tacite,	hist.		
Trogue-Pompée,	hist.		
Quinte-Curce,	hist.		
IIe siècle et suivants.		*IIe siècle et suivants.*	
Justin,	hist.	Apulée,	romanc.
Ammien Marcellin,	hist.	Némésien,	bucol.
Symmaque,	orat.	Calpurnius,	bucol.
Macrobe,	divers.	Claudien,	héroïq.
Boèce,	phil.		

2° Auteurs chrétiens.

PROSATEURS.		POÈTES.	
Tertullien,	apol.	Ausone,	bucol.
Saint Cyprien,	p. l'Eg.	Saint Prosper,	divers.
Minutius Félix,	controv.	Saint Avite,	épist.
Arnobe,	controv.	Saint Fortunat,	divers.
Lactance,	controv.		
Saint Hilaire,	p. l'Eg.		
Saint Ambroise,	id.		
Saint Jérôme,	id.		
Saint Augustin,	id.		
Cassiodore,	polygr.		
Fulgence,	id.		

CALENDRIER ROMAIN.

Le mois romain se divisait en trois *époques : calendes, nones, ides,* qui se marquaient ainsi *cal.* ou *kal., non., id.* On appelait *calendes* le premier jour de chaque mois ; les *nones* répondaient au *sept* des mois de mars, de mai, de juillet et d'octobre ; et au *cinq* des autres mois ; les *ides* répondaient au *quinze* des mêmes mois de mars, de mai, de juillet et d'octobre, et au *treize* des huit autres. Le *quantième* du mois se marquait par le nom de *l'époque* qui suivait; ainsi le *dernier* jour de janvier s'appelait *la veille des calendes* de février, *prid. cal. febr.*

DIVISION DU MOIS ROMAIN.

Jours du mois.	Mars—Mai Juillet-Octobre (31 jours).	Janvier—Août Décembre (31 jours).	Avril—Juin Septemb.—Nov. (30 jours).	Février (28 jours, année bissextile 29).
1	calendis	calendis	calendis	calendis
2	VI	IV	IV	IV
3	V _(ante nonas.)_	III _(ante nonas)_	III _(ante nonas)_	III _(ante nonas)_
4	IV	pridie nonas	pridie nonas	pridie nonas
5	III	nonis	nonis	nonis
6	pridie nonas	VIII	VIII	VIII
7	nonis	VII	VII	VII
8	VIII	VI	VI	VI
9	VII	V _(ante idus)_	V _(ante idus)_	V _(ante idus)_
10	VI _(ante idus)_	IV	IV	IV
11	V	III	III	III
12	IV	pridie idus	pridie idus	pridie idus
13	III	idibus	idibus	idibus
14	pridie idus	XIX	XVIII	XVI
15	idibus	XVIII	XVII	XV
16	XVII	XVII	XVI	XIV
17	XVI	XVI	XV	XIII
18	XV	XV	XIV	XII
19	XIV	XIV	XIII	XI
20	XIII	XIII	XII	X
21	XII _(ante calendas)_	XII _(ante calendas)_	XI _(ante calendas)_	IX _(ante calendas martias)_
22	XI	XI	X	VIII
23	X	X _(du mois suivant)_	IX	VII
24	IX _(du mois suivant)_	IX	VIII	VI
25	VIII	VIII	VII	V
26	VII	VII	VI	IV
27	VI	VI	V	III
28	V	V	IV	pridie cal. mart.
29	IV	IV	III	(ann. biss. 29,
30	III	III	pridie calendas (du mois suiv.)	bis VI; 26, V;
31	pridie calendas (du mois suiv.)	pridie calendas (du mois suiv.)		ainsi de suite)

Le jour se divisait en douze heures : la *première* répondait à *six* heures du matin, la *douzième* à *six* heures du soir; la *sixième* heure était *midi*; la *neuvième*, *trois* heures après midi, etc.

Les douze heures de nuit se partageaient en *quatre veilles* (*vigiliæ*) de trois heures chacune. La *première veille* comprenait de 6 heures à 9 heures du soir; la *seconde veille*, de 9 heures du soir à minuit, ainsi de suite.

MONNAIES ROMAINES.

As	= 8 centimes.	Denier	= 80 centimes.
Sesterce	= 20 centimes.	Aureus	= 20 francs.
Quinaire	= 40 centimes.		

L'*as* (*æs*) avait primitivement le poids et la valeur d'une livre de cuivre. On l'appelait aussi *libra*, livre.

Le *sesterce* valait deux as et demi ; on lui donnait souvent le nom générique de *nummus*, argent.

Les Romains comptaient ordinairement par *sesterces*. Jusqu'à *mille*, on se sert du nom masculin pluriel *sestertii* ou de *nummi*, *ducenti sestertii* ou *nummi*, deux cents sesterces = 40 francs.

De *mille* à un *million* on se sert soit du génitif pluriel *sestertiûm* ou *nummûm* (pour *sestertiorum, nummorum*), soit du nom neutre *sestertium*, mille sesterces = 200 francs. pluriel, *sestertia* ; *centena millia sestertiûm* ou *nummûm*, ou bien *centum sestertia*, cent mille sesterces = 20,000 fr.

Pour exprimer *un million* et au-dessus, on se sert des adverbes numéraux *decies, vicies, centies*, et du nom neutre *sestertium*, ou du génitif pluriel masculin *sestertiûm*. Devant *sestertium* au singulier, on sous-entend *centies* ; devant *sestertia* au pluriel, on sous-entend *centum* ou *centena*, et devant le génitif *sestertiûm*, on sous-entend *centena millia* : *decies sestertium* (pour *decies centies* sestertium, ou pour decies *centena millia* sestertiorum), signifie un million de sesterces = 200,000 fr. — *Cæsar centies sestertio cænavit*, SEN., *ad Helv.*, 9, César fit un souper de dix millions de sesterces = 2,000,000 fr. (pour centies *centies* sestertio, ou centies *centenis millibus* sestertiorum).

Souvent le mot *sestertium* est lui-même supprimé, et l'adverbe numéral indique seul la somme : *ter millies*, trois cents millions de sesterces = 60,000,000 fr.

FIN.

TABLE DES MATIÈRES

D'APRÈS L'ORDRE OU ELLES SONT TRAITÉES.

TABLE DES MATIÈRES

PAR ORDRE ALPHABÉTIQUE.